## pocket book

# Desafiando sua MENTE

## CAÇA-PALAVRAS

O jogo de caça-palavras, é um passatempo com o objetivo de encontrar e circundar as palavras escondidas em uma grade de letras arranjadas aleatoriamente. Quanto mais rápido encontrar, melhor será.

**1ª Edição**

Pé da letra

Cotia 2020

PÉ DA LETRA EDITORA E DISTRIBUIDORA

## 001

```
C D D O M T E W D S Z J
I G L Y J X Q G I R Q U
K A U Q L X O D U P U I
F I G P T G Y F B Z B F
E H L I U V T N X O O A
G B B N T B J B K O M L
F G W L E P H Y R L B U
K K R M A U D U P V A P
N G E E R M O U R A R A
G C A M A R A D A R Z N
```

BOMBA  
CAMARADAR  
FALO  
FALUPA  
GUZO  
MOURAR  
OURO  
TUTEAR  

## 002

```
Y U T V V U A W G O F P
L I J C R B E E R O L S
C J L M T C L I S A C O
L A N H J J E Q X T O F
N W L N U U G C T O L N
A S Q E G U Â V E M H S
Z Y C L G N N O M A E B
M E A H U R C R A D U Z
T S E K Z E I L F O I C
L F Z D G D A A T G M K
```

ADUZ  
ALEGRIA  
COLHEU  
ELEGÂNCIA  
SACO  
SALGUEIRO  
TECEU  
TOMADO

## 003

```
M A G L O M E R A R V Q
Z K W A W I Z N A I W J
K O R G D O R K L U P A
O G K I N D U M E N T O
Z B E R Z O Y L O E J S
N O T T T R V Y G S X F
A V M R Y U M T P T O E
G K E J Z O G O U P L K
S B W G H U M X U O P U
A L B E R G A R M E Y C
```

ABERTO  
AGIR  
AGLOMERAR  
ALBERGAR  
INDUMENTO  
IRMOS  
LUPA  
MOLE  

## 004

```
C J F W F G T N W Y V V
U M E D E C I D O R A E
I N D B J A G B A H Z L
D P E M U L O U V J A O
A D R V Y H T H Q C R C
R A X K G A S X I H A I
B S I C Y E V N R A G S
U G E E B G N S D E U T
X H D M X F W R A J O A
U D T O I P D D L R R Q
```

AGUO  
ATUAR  
CUIDAR  
FEDER  
SEMI  
UMEDECIDO  
VAZA  
VELOCISTA

## 005

```
T L V O O V O R Y Z V W
N U H E H T E N B Q W C
Q T G E N C I N V W W D
J C Q E R H D N O S N V
T Q B E R C Z V D S Q J
Q R X B Q E G J E O O B
W E A U Z X S T X D Q L
H L G X L W N C T P I A
T E Ü T R A N S E P T O
I S E S H M G G H Y Y S
```

AGÜE  
ANTES  
BENTO  
EXERCER  
LAOS  
RELES  
TRANSEPTO  
VENOSO

## 006

```
D C J S G M E N T E H R
O E D Y V U L G O I I V
M H S Z W I B T S G L E
T O R C E D O R U N A O
S G O P E C D M J O Q Q
W B M O T R C D U R N H
L Q P L Z J R D U A L M
L L E U F J V A O D I H
Q H U B Q V Y A R O N P
G D S S S N N M K K K L
```

DESCERRAR  
IGNORADO  
LINK  
MENTE  
MUGIR  
ROMPEU  
TORCEDOR  
VULGO

## 007

```
I G Y W Z Y W O V A I E
G N C S O D W B R A B O
O U D Q E F U R E M O L
M O S O Q R Z V N O G G
Q Z D U L E E Y T O E D
D J H L A E B K G K I E
K V Z M B E N L J R T S
H X I V N G Z T J Y E D
O C R E X C Z X E P T I
A T R O P E L A R X V Z
```

ACIMA  
ATROPELAR  
BRABO  
DESDIZ  
GREI  
INDOLENTE  
OCRE  
REMO  

## 008

```
V O J R U H Q C E R F T
A V X B B S B N T X Y K
G T T B L R A Z H C W J
O M B R O Y B N Q Ã F F
N C Q D W R U D D U B L
E G O K Z A L A R I I A
I Z G L I B B Q M K C N
R A A O L I O G N D H E
O X E I F G C E X U Ã D
U R G I R É J Y K B O W
```

BICHÃO  
BULBO  
GOFÉ  
IBADÃ  
OMBRO  
SANDICE  
URGIR  
VAGONEIRO  

5

## 009

```
M U C C E Q J H B K Z U
I Y L P Z P U C R E T O
S F W X V B B A O E N W
S B I I B R D S N R L J
I J D V Q I U S Q O V Ê
N M Y B U O A B U T M U
U K U C G S U A E S G E
I Y S A Z A O S A V H X
L E A H D T I A R D M P
D I S C Í P U L O Y W V
```

- BASAL
- BRIOSA
- BRONQUEAR
- DESCUIDAR
- DISCÍPULO
- NOME
- RELÊ
- RETO

## 010

```
C J N O J N A H O A I V
Á I U M V D Y Ã I U X N
R L A V A R Ç C B S P Z
I P I O Y A N Z M I A P
E H R Q D Ê I P T N M R
D E A I M L L Z K A P I
U V L E D L C P A V E O
N A E I V B H W Z J I R
V V X S A T I S F A R Á
I C L U P S A Y I Y O N
```

- CÁRIE
- LAVAR
- PAMPEIRO
- PRIOR
- SATISFARÁ
- USINA
- VALIDAÇÃO
- VEEMÊNCIA

## 011

```
D K T B M V P Y C U B D
H T Z Z A A P Q Z I R C
O N Z A O L R J K A A Q
T W Y I L E A O H G V Q
S H R O B G X I D K A M
L T X N Q O O Q N U T M
H V Q W J Y P L U H E U
R G O E L A Q E T J A Y
I Z E R I H B U R S R P
P Z A B A N E I R O Q L
```

- ALGOL
- BALAINHA
- BRAVATEAR
- GOELA
- IBOPE
- TRIO
- VALEGO
- ZABANEIRO

## 012

```
E Z R R J N F N I T V J
P X N O C F U F B Q J P
I B Q J Y J A C N P B J
G U W Y W G D I O N O N
Â S X H S Q V F L Ç C Z
M O N K W V É S H O A B
I T E J B O M Q L F R B
C B R O G A L H A U Q K
O C A L L H A I T V O O
U E A R R I A R H W T X
```

- ADVÉM
- ALGO
- ARRIAR
- BOCA
- BROGALHAU
- BUSO
- COÇA
- EPIGÂMICO

## 013

```
F J L A V C G I G C G S
W D R K B I N H A E R L
T U K A N W O V L L A T
G H N H T A M B E K F R
A O T U R V O Z N G I A
W K H V E I B C I D A R
T S G Y D A P E S J H Á
M O F Z I Ç X Z M X M S
L S S V L Ã R D O X Q W
O Z A H L O H M Y Q M L
```

- ALFA
- AVIAÇÃO
- EDIL
- GALENISMO
- GEAR
- GRAFIA
- TRARÁS
- TURVO

## 014

```
H O D Ô M E T R O I P O
M J K R M D V G K A M R
X O L J Y U E P Y L L A
G K G C N B C A C B F R
K U N L J G J F E I Y H
H K A C C I Z W R N U O
M R W R B V Y Y D O C N
H Q M C I Z L H A A Z Ç
T H N U C B I U C H A A
Y R E T F X Y S Z S H O
```

- ALBINO
- CACO
- CERDA
- GUARI
- HODÔMETRO
- ONÇA
- RIFA
- UCHA

## 015

```
F C O N S E G U I U R Z
P R F J F C K P G A I I
W B N G E I Y J V G H H
L V N E T O D O R Q X U
P C Y S A U N E I V B S
I Z X T W I E M W T E I
I N T O X I C A R H O T
O G E H W D M K R Y Q A
G R E N Á L T Y K A L R
U W I L A Y E J V O Y Z
```

- ALMA
- CONSEGUIU
- GESTO
- GRENÁ
- INOVAR
- INTOXICAR
- TODO
- USITAR

## 016

```
T U B I C O L A R K L C
M M F O X C O N A P Q X
M W W L M Ç M R H N Q L
E I F E I V O R O V E M
R B V L N D N E M B N N
D Y U H A M R O X C O C
J B T F J P V Y Q T A O
A M I N O Q C M L R L F
Q E I K K A T E U D T Q
C I A K Q I D S F H A U
```

- ALTA
- ATEU
- BUFO
- BULIÇO
- CEIFADOR
- ELTON
- IOLE
- TUBICOLAR

## 017

```
V X J N H C U I N V S B
S T J Q V S U T I S S O
F I D C R B M J L O N P
U T D U A X B J P P U A
W Q U F I C W R F R Y C
Q P P K S A H L J O O X
M U R I O A M U E U H T
F O R A L Y O A R A R Q
K N Z H D M D B H T P O
H T U F A O F I R B S Z
```

- ARAR
- CACHU
- FORA
- ISSO
- PRADO
- SOLDA
- SOPROU
- TUFA

## 018

```
V K A Z G Z Y L E U C R
S I B Q Q U Q T N N E K
I Y Q U B D M W A H B K
M J F A Y O A Q L A G J
P A K A X U U O V M W I
L X T B H G C C Q E G B
Ó E S E N Y U A E P W Ó
R J I A R P U R I L H I
I Q O J T N O T M B O A
O A U N Y B O A C K A Q
```

- BOUCELO
- CAIBA
- CARTA
- COLHER
- JIBÓIA
- MATERNO
- SIMPLÓRIO
- UNHAME

10

## 019

```
H X V P X A J T C B D X
H V G T X M K X S V A U
E Q K U R T I G A R I N
N F S B X A W I Y G I I
B N A A Q C N A L T O F
W E L R B R Á Q U I O I
M O M I O P J A U H N C
Y I O V M L T I A I E A
I H R U N E A G G E L D
Z J C B R H X V M S A O
```

ALTO
BRÁQUIO
FAROL
RETA
TRANQUILO
TUBA
UNIFICADO
URTIGAR

## 020

```
B E B R A N Q U E A R J
H W M H U A U F Y I A J
S E N F A D Ã U F E V W
Z U S T A U O R P L S D
B U S P E A H I J A T C
C E I T E N O P W S T U
A U H V O E Y X C B Q A
T H A L M I N I T O Z A
E X A C E R B A R S Q M
Z Q J J A O L Z A E Y K
```

ADUANEIRO
BRANQUEAR
ELAS
EXACERBAR
HALMINITO
IPADU
QUÃO
SUSTO

## 021

```
M N J H F T R J I N J R
T S Y B J A C J F F A T
M W B U G A L H O L R Q
Z S T E P U O I U Z O C
S U P X Q D R T V M P R
T A P W N J I G S R B T
Y I W O C T W J Q H A O
E D D I N X W M S Y S R
R E S I S T I V O X U X
R S E B V Z U Z P J H J
```

- APEGAR
- BUGALHO
- FLOR
- IDES
- INTITULAR
- LIVRAR
- REDONDO
- RESISTIVO

## 022

```
P L I P E J H K L S A Q
U N V I J B B V O G F W
E A N E E O I R A Q C W
S Q V D V D S M O E R H
J J Z A G S O J F X F N
X Y F D P M N U T A A L
S D U E K M H I Q M F R
H O Y V T L I P L E N O
S L O X L F C C E O J G
X E O U I R E I F R X M
```

- BISONHICE
- BROXAR
- EXAME
- FAVO
- MOER
- PIEDADE
- PLENO
- SOOU

## 023

```
U C G L O I D A G H D R
I Q L P E D J D R I A A
Z X A W G G M A A I V R
S I N Z U C R N M E U E
F I D L I B Q R O V R F
Y M E M M T E L F A D A
R R Y E N T K Y O Z I R
J P L H A F O R N O R Á
J E Q I E C F T E H V S
R V D G N P J Y J M B N
```

- DIATERMIA
- FIAPO
- FORNO
- GLANDE
- GRAMOFONE
- RAREFARÁS
- RELEMBRAR
- URDIR

## 024

```
C A M A R O T E E K M F
Z M E S B T T B S S E Q
O B L Y D M R R B Y O T
W B O M F U N E E E H K
K B D J W Z C L S M E S
X O I T N O W T T M X P
A X O T G K F T E X A C
S D S M J Y B E N K N K
E J O C O R D A H N O B
S I Z U R M B Q A N D D
```

- CAMAROTE
- CORDA
- HEXANO
- MELODIOSO
- RESMA
- TENHA
- TREM
- URBE

## 025

```
A Y O E V Y R S O M P Z
S G O C U P A R B O L S
O V M B O E B F E V O O
X B L L H A E R R O V K
F C E V F G H W Q W P L
O S D R G C C W L U S A
A F E X O X V A A E Y P
A M Z Q I D Y R D Y A E
O T J M C D G R D O Q Z
X E Q S S D I Á R I A X
```

- CADO
- DIÁRIA
- ERRO
- FABRO
- IRDES
- LEDE
- SELO
- UPAR

## 026

```
H A L A R M I S M O Q G
P Z M W L E L F Y B G M
M W Q A X A U V E Ê Q B
N E N X O V I A H I M Z
O E J D A M W L E R X E
V Z M F H M C C F A Z M
O I R S M L Q Q R I E P
V U D W P W Q X A Ê E J
T O E Q U I V A L E R Z
Z M O H J R Q R S D B G
```

- ALARMISMO
- BEIRA
- ENXOVIA
- EQUIVALER
- LÊEM
- NOVO
- TURFA
- VENAL

## 027

```
F I L M A D O R A O X U
G S D D C B S V O H H D
G T G L F Q E T O L I L
A M G Z I L Í N G U A R
T O D E J C H Q O R A K
P U S R C N R T C C S G
Y X D I X R I L O R I O
U T X P S G V V Y W N S
X Y O W A V N B K B O T
V I T I L I G E M S O O
```

- AGITOU
- FILMADORA
- GOSTO
- ÍNGUA
- INVOCAR
- ISTMO
- SINO
- VITILIGEM

## 028

```
N K U U P X R L Q G Q O
M J K S L X I U B N U C V
W M L D A V I G Q S E O
S F M O O Q Y R E T I R
J S O Y D E M U U O A G
E E X O I H Q V U T J Q
Z F C L T R N H R B A S
K H S C U Q P E A O B R
O M I T I R F E V L Z R
R U C A B O R J E O O N
```

- BOLO
- CABORJE
- HALO
- OFERTA
- OMITIR
- TURQUESCO
- USTO
- UTAR

## 029

```
M A S N T T I J H E F X
B H X G L U C B S C P S
A M X U J A W A A Q Q M
L C V Y N D I B X Í L R
A J A E J R D Q C A A G
T A D V Ó C G M R L Z U
E W L T B A R D O A U L
I Q A K W J I R B F A A
R R C H A V E B P I A T
O H D K V J G Z I I V W
```

BAÍA
BALATEIRO
BARDO
CHAVE
GULA
ORATÓRIA
ROLAR
VIDRAL

## 030

```
N C Y B X Q H F A F U N
M U T L A M Ó V U L O V
E R I Ç L W I B R J C A
G A L Z P B E E E K R L
T A D M L U D B U L M O
X J B E T O H T I V U R
X T C L P F R H Y M J I
L X O B O Õ H D O P S Z
E T X J A L E X E Z O A
T S Q Q R R A F K D Z R
```

ALÇA
BIVA
DEPÕE
EXCEL
LORDE
ÓVULO
PODER
VALORIZAR

## 031

```
R S E P D B E B X B L C
N P Y B W A O O I O D A
M T R X J T F A Ç Ã O E
W D E N T E E O O M S V
J T N R X D R P N W M N
V A U J E O E L Q O O Q
I Z M M L R C J M W E Q
D V S F B T I A Y F U E
A R I P O A D W S I T T
Q B L Z W S O H B I Q G
```

- ARIPO
- BATEDOR
- BIFLORO
- DENTE
- FAÇÃO
- MOEU
- OFERECIDO
- TUMBA

## 032

```
A W V A J K X E S R C Q
F T J Z X S J A J N C O
A A E R B E T D T K B S
L X M V N S A T Q D Q A
H E Y O E B T S Y R C L
A V S F M A C A V O O É
R X T A A U C F R V J M
T R C E X E A N P X K V
P U N I Ã O E N Y C P O
M P W K T I B Z A C I G
```

- ALÉM
- CAVO
- ESTAS
- FALHAR
- MUANA
- MUCAMBA
- ROCA
- UNIÃO

## 033

```
G L K P F D O K O M T K
Q G T G C Ã J C H R X F
D I J A Ç O I T A R D A
K S F A P T E D I G K M
J J G C S D K J S A M A
G A C Í U T D S Q L F N
V O L H Y F X B L O I S
M A O G J U L K P P N A
B I S S E T R I Z E T R
P X E N L T V C A V A R
```

AÇOITAR        CAVAR
AMANSAR        FINTA
BALÍSTICO      GALOPE
BISSETRIZ      VAGAÇÃO

## 034

```
N F R F Z P C A P O J L
X H A B Z I B R E M Ó I
S G N I P E P E E H M H
G C K X E A I N Ó D Q Z
K A D A T H Z U L N O W
C O B E G R O N E O R R
J T L A E Y L C O D Z F
Q O K G V W D I H O J R
C A L A B R E A R I Q I
A M A R K K U R T N T Z
```

AMAR           NODO
CALABREAR      ÓLEO
COLETA         REMÓI
CREDOR         RENUNCIAR

## 035

```
T E S O U R A D A N J O
U K L Z A F W I Z Z Y O
T E I Z U O E Q O P J M
E C M M I R P D C L Z B
L F B D P M C S A N E L
A H Ó I X J J H C B X R
Ç C R V V U B X B O Y U
Ã H I B S O H I X L N C
O E C Q U W Y V R A W V
B I O T E C N I A P D T
```

- ANEL
- BIOTECNIA
- BOLA
- BÓRICO
- MUFA
- ÓDIO
- TESOURADA
- TUTELAÇÃO

## 036

```
I Z V X Z J A O X T H M
T A E U R E U K J P O Q
N Q R D D W R É S T I A
Y C Y I B Y T P H U L O
K G O O B V I G M I M G
A U Y A M R G A S C O Ô
S Á T I R O A N X T Z U
H K X Y T Q Ç I F N D A
R I U O K I Ã L X N G S
S F N X A O O H A E N J
```

- ANIL
- COAR
- CRUZ
- ILMO
- RÉSTIA
- SÁTIRO
- SUMÔ
- URTIGAÇÃO

## 037

```
M W X S D H M O Z Q A B
O M J L L P G V P C T E
N F N V T H K T N E R G
T U U L L E W A R O G T
A F A G A K B R D O L Q
N L R O D C A A O L C E
H V P G Y I L F L X A A
Ê V K D D U V S I Q Q H
S I V A L I D Á V E L M
B A R U L H A D A Y O M
```

- BANCA
- BARULHADA
- MONTANHÊS
- OLIVA
- RADIAR
- TROCA
- ULULADOR
- VALIDÁVEL

## 038

```
M A E Z A I W C P T O J
D F G G K S A D N R R I
X M L A D C Q N I A T N
N U S A N Ç A E S Q P Q
P R N S B J U B N U J U
M O F X I Q O Q F E Z I
E S P E R A Q T L A K E
X G T A E T X W Z N D T
H E B V Y X Y U F O K A
T M I E R W I N K P A R
```

- ANJO
- BARQUEIRO
- ESPERA
- INQUIETAR
- MURO
- PULGA
- TRAQUEANO
- USANÇA

## 039

```
X W R Y A S Q K N A H C
E A U A F R F I R E I E
S P G T V R D Q E N U L
C E G I H B S Z I E Y A
U J B S S L K L R R R Z
R S R C Y Q U B Z G V B
E V A E J N D K X I O A
C W N R M U D B A Z É N
E C T A G N C F O A G D
R I A O S X N U Y R Z Ó
```

BANDÓ  
BAZÉ  
BRANTA  
BREU  

CELA  
ENERGIZAR  
ESCURECER  
USAR  

## 040

```
M X K R E A Q U E C E R
G K W Z M H G S H R J I
B H E L Z R O L H O I Z
X C U G K L U U C C J C
H C E K E N C E N G A E
K E L C W L O A D A N L
K J U A K M R J Z S D B
Z R S I Q B L I X X I L
B B Q S D S A K N Y Á N
G A N G L I O M A Y T U
```

BRUCELOSE  
ERIC  
GANGLIOMA  
HOJE  

JANDIÁ  
OLHO  
ORLA  
REAQUECER

## 041

```
I Q Q L N Y X D G F I M
A U H P M R T W K O P U
X V G C J N T C T H Q R
L V V U P I H K A Z I A
G O R A L N R B R I O L
D T X Q J O X T R Y S I
O I X W Y W A E U S V S
B U O K W U Q V E H Y M
R D O I V K F R L O Y O
A O V Y Ô Z Y V A E V E
```

- ARRUELA
- AZIA
- BRIOL
- CAIS
- DOBRA
- GORAL
- IOIÔ
- MURALISMO

## 042

```
D H G S E H F D D K Q L
K E U S G B Q E R N P S
C E S T J V P S Z T O E
E S C P X U Y V S P Q G
G E P Q O C L I N G R P
K C O T F R E O R A F I
E I L M X D T O K T A A
L A F T N R K E H O T X
S U M O D D U A S C O D
R F M C N O W W D H R Q
```

- DESPORTE
- DESVIO
- DUAS
- FATOR
- ONDE
- RAFI
- SALTOU
- SUMO

22

## 043

```
B L C V Q Q V K Y T Q S
L I I O F Í C I O B U T
V F M L A B A R Q U F G
T I V U J S V L C S E T
Z Q Y T L Z R V C M M V
X I E A Á T T N A I U T
G V N B A E A Ç I F A L
Z K O R E I A R P I R N
Q A G O D F I C F G P O
B E Z H H J R L L O P T
```

BAOBÁ  
FAÇAM  
FIAT  
FIGO  
MUAR  
MULTAR  
OFÍCIO  
VOLUTABRO

## 044

```
B Z B J Z L V I P O N O
O C R B A N D A R Z F T
R N I Y D C H U Q E H F
D C Ó S Z U O J S J M J
I Y F O H D Q Q E U H L
D L I X E T C R E I A M
U L T L A F O R R O G L
R J A E P B V F W D K L
A V S H Y R I H E R E K
H B P Q Q X S V J G S Q
```

BANDAR  
BORDIDURA  
BRIÓFITAS  
CREIAM  
FORRO  
IREM  
USUAL  
VALEDOURO

## 045

```
E Z T G D J I F O F L M
N P W P O Q K C M S H Q
X O H N K F S Z P D E X
O B X L E F G M K C X L
F P R I Z Y G F N M A L
R I Z I N L F R I O C A
A V N M A L J O N T A J
D P J G R A F O F O N O
O Q P H I O X E A R T T
B N P S A R S P S T O A
```

ENXOFRADO  HEXACANTO
FINGIR     LAJOTA
FRIO       MOTOR
GRAFOFONO  NINFA

## 046

```
Z U S N I G W S U R P O
F I C A B E A E B A R U
S U S B W R V A N T E C
L F V A A U M E A Q C I
D G Q C J G D S D R O J
C V S K E E A F G V M I
V B O O I L U E Q L E X
Y V A K T S Y R K I Ç F
N L N A A Z J A U E A U
G E P K R K R N P S R W
```

AJEITAR    CARAS
ANTE       ESFERA
ATLAS      RECOMEÇAR
BARU       RUGE

## 047

```
A M A Y C J T O T M F I
L E H B K B U Z R M I I
Q N Q R A R D C R G M P
T C F O P T R I G B P P
C O T C A B E L E I R A
A R A A K F A R G N O Q
V A P L H F B N C F V I
P J M U U T B W W L I J
C A M B I S T A G A S V
W R I S N X F F Z R O Z
```

- ABATER
- BROCAL
- BUFA
- CABELEIRA
- CAMBISTA
- ENCORAJAR
- IMPROVISO
- INFLAR

## 048

```
M R G T P A W F W W O X
B N Z L K C B R O Z U Q
C Q X W X S Y C L E P U
S V H Y G L I A T Z B Z
O Z X D Y T S N P K E T
G I K H N W A E B M R U
R T G Ê F I V Z O H É L
A N T X D D U B T A U E
M U L A T I N H O I F H
A R R E M E S S O R G P
```

- ARREMESSO
- AUTÊNTICO
- BERÉU
- BOTO
- MULATINHO
- RADIANTE
- SOGRA
- TULE

## 049

```
C Z G C T A I H X R H H
U E Z U P Y W I A E Z S
E Z X S B C A N T K P A
M A S P G O I D W L A P
Q T R I U B H X O F R A
N A U R O S J F V R T T
A M O B P S E F D O I E
D T E L C U E S L C Ç A
A R U A F T R F S O Ã D
R Q Q Z K P B W N E O O
```

- ATOR
- CUSPIR
- EXPUSESSE
- FROCO
- NADAR
- PARTIÇÃO
- REBOBINAR
- SAPATEADO

## 050

```
C A B A L I S T A I I O
O C O W A G K O G D A A
S Y L B Q R C M R E E O
T C S T N Í A A P T G L
U R T P A D L O F Q Y Y
R V A C A A I X S O M J
A K J V N X J U Y U R E
D P E I E V H C C C K O
O N E G R I T U D E H F
T U L T I M A D O R O B
```

- CABALISTA
- CAÍCO
- COSTURADO
- INALAR
- NEGRITUDE
- NEVADA
- TRAVE
- ULTIMADOR

## 051

```
P W I B I T U R U E X V
W X R E A O P Q L X A E
V S C L I G T E Z S S R
A X A F K V W M E W A E
P K A A G O T C G C U A
B N V F L L I S O B T Ç
R T Q R L T Z R X O P Ã
R E A D A P T A R U I O
D J T E L M I O U A N N
Q R B H H C Z F A H L F
```

- AFIOU
- BEATICE
- BELFA
- READAPTAR
- ROTA
- TROCAR
- VEREAÇÃO
- VOLT

## 052

```
D U J K G P B Y A U Z T
R H I X L P L Ç R X C A
R O U O L E I B G Q D X
K S E T H T E F Y A W I
H S G T S S P K G U O N
G O E U I A I E W G H O
U T J N W F P K Z R N M
H N S S I D O T N O J I
I L H É U Z T U O L H A
M E R I D I A N A B L Q
```

- APTO
- ILHÉU
- INJUSTIÇA
- MERIDIANA
- PEGADA
- PIPO
- SIDO
- TAXINOMIA

## 053

```
P M Q Z D S Q J D U M K
R P H A S U G X Q G D E
S V L K A L R P W V B P
D Q H T Z U K O W B F X
M E E X E I N H J X A Y
E M D X B W A S L K Z M
N B H C R B E L Z A E P
P D O Í A T L Z V Y T I
Q R Q F I A N D E I R O
Z V O M E N Q W Z I F R
```

- BOFE
- DOÍA
- DURO
- FAZE
- FIANDEIRO
- META
- PIOR
- ZEBRA

## 054

```
Q C F I S S U R U C U V
J Y E C A C O G E N I A
O W H U R L R E U P N D
N F D G U A K F W F C M
L H H B L S T X J K O O
D N Q A D Y F C X J R N
Q Y U S N V J R N F R I
N G A M O G O N I A E Ç
I N J U R I A D O H T Ã
S E D Q V X C V H X O O
```

- ADMONIÇÃO
- CACOGENIA
- GAMOGONIA
- IGUALAR
- INCORRETO
- INJURIADO
- URUCU
- VOAR

## 055

```
H Z T R A T F L U Y R U
X F A W B C H N R G S C
J B I Y D K A T U A A G
P F W W I O O E Ç A O R
I X U N F S X E U R T B
Z H B G O I J K R M B H
L Q X R R E B U J E T L
C X E W P G M T M A I S
J B F A B F U S U T A K
U N I V A L V E D Q C X
```

- ATUA
- MAIS
- MURRO
- SUTA
- UBEROSO
- UGAR
- UNIVALVE
- URUÇU

## 056

```
P B G S W Z G S B E L J
W P N X X W G O T X E C
V X C B O Z Ô N I O V O
A E V R O T A O E G A N
Y O V W G M F T M D R S
H B O R I B M U J O L O
M K A T J W A V E M F L
G P L W F W B L D K A O
K U K T Q S A N A P Ó S
V D O G B V I P V A R Y
```

- APÓS
- BORI
- CONSOLO
- LEVAR
- MUJOLO
- OZÔNIO
- ULTIMANTE
- VALE

## 057

```
J D F M Y A I M H E C F
R O S D H W O Q S V T N
J S T L D W T H Q W Z W
X O C A N C E L A D O B
P F M K P J G E E D T J
T Á I D F Q Z D G O D O
C A N D I D A T O T X E
Q Y O J H R H F R V G P
V M R D F I H A Q U I R
Q D V X X G U O M W U I
```

- AQUI
- CANCELADO
- CANDIDATO
- FRADE
- GODO
- JOTA
- MUGE
- SOFÁ

## 058

```
H G H O L G D X P N E U
D R M N T C I I W P I L
R H D J W I L J G J N M
T U H M Z Á B S Y W A K
A F E Y B T U F O Ç S H
C K V T S Y V X N A P A
W V B J O L F A X A I P
F U E H A Z R T O A R X
A F F B R E N G U L A R
Z S D G H E N Z S L R J
```

- ASPIRAR
- BÁLI
- GULAR
- HERANÇA
- NAPA
- PNEU
- SOAR
- TOAR

## 059

```
B O M B O N A Ç A F O U
G T P V Z Z G A C J L Z
K K S G O S T R V L C P
W J B O D O W M T A M C
I D I A B N F M F I E Q
E L T M T E I K D I V M
C E A A D E C N N B A E
H O M R Y V L W H A L F
V R M L F F S W U W A C
A R G A J F M L G W R A
```

ARMA
BATEL
BITA
BOMBONAÇA

BOTA
COMA
TIVE
VALA

## 060

```
O C K A S T U C I O S O
B J S Y J B L J P O E I
C B E E W H Q F E T A P
A Q T T Y P F N R G T I
F M Z U Z R N A Y O O B
U B E P I L U E Z D L J
C D K W Z S E L A E A K
A P K E N E P U R M R A
B N W W M M L W U Z K P
T T L C A A O F O R C N
```

ALUADO
ARTE
ASTUCIOSO
ATOLAR

CAFUCA
FAZER
SELA
SUAR

```
C B M N E L G R R D S J
D R J S M I M A F H Y Y
C M A J H L F O R T D D
E F B V R R M A D H K V
B I H F A R R L Z E R A
T E L G L R R J L I L X
B F I R O P V V U G R O
H O O J J T Q R O D E S
Q R H M A W O Q O S C B
K W O I J R F R O K W Z
```

BEIJAR  GOTO
CRAVAR  JORRAR
FASE  MODELO
GARFAR  RUIR

```
J Y E C U V M P Q T T P
Q M W U U Q L J R G D J
Z X S L O N T K H C S I
K E P T O Z I V P X A R
Q K S U E H V T R L Q E
D B W R C C P T E T I C
E C B A J P U I J C D R
T A M P O P V B B I O I
I J A C O B I N U X N A
L Á E S S D B V W I W R
```

CAJÁ  RECRIAR
CULTURA  TAMPO
ETIL  UNITECO
JACOBIN  VIELA

## 063

```
W Q H B K T M A I O R M
P Q Q X H D J B I S E L
G A K X U J J F F U A S
Z I I X R M U L A B A C
O S N Z T N H R D L S A
B S M G É P Q T A I M C
F D V R A R Q A E N A A
L P B G I R S E C H C B
G I B N B E M X Q A V A
L X F E B T B W N R E J
```

| | |
|---|---|
| ASMA | LIBRÉ |
| BISEL | MAIOR |
| CABA | MULA |
| GINGA | SUBLINHAR |

## 064

```
V N S Y J O X F D E Y Y
E Y U Z S Q V J I W U A
B R D A K O M H V A T D
Z E C C X I I M S V R B
H O A P B P Z U X A T R
F D E X R E I H U L I A
F I L I A R D H J I S V
Z M M M N L W E Q A L O
G U I N D A R X L D M W
L C R K E Y T W X O E W
```

| | |
|---|---|
| AVALIADO | FIAR |
| BEDEL | FILIAR |
| BRANDE | GUINDAR |
| BRAVO | OCASO |

```
C G D W M B P B V B Z C
M A L U U T Y I O E D B
S X O E N T C R S N R E
V M T A D J I S E P É X
O L O U A E E X C L U O
H P W D N V B V R K Z Y
U S O I I S X A U W P N
D G B T C N X K N D Y U
R A S O E B R T H D K Q
C P F J Q Ó B O L O Ô A
```

BANDÔ  
BONÉ  
CABINEIRO  
DITO  
EXCLUO  
MUNDANICE  
ÓBOLO  
TIVESSE

```
C V N M B P T R R P D I
M H I V U Z O D M H O W
O C A N A L G A A G B Q
L S C Q A E H O K Y R L
L U B I Z N T E T M O Ó
A W Z R O I E U R L L K
D I S P O R I A T I Z C
R V S E G L J Q J F L L
G I D U K J O P S U T H
D L J Q M J C H P G T W
```

CANAL  
DISPONHAM  
DISPORIA  
DOBRO  
INANE  
JILÓ  
MULHERIL  
ROLO

## 067

```
R P W A Z R J J E Y R E
V A I V É M B Q X A A J
A K Q A P B U L A N B A
X J F S F G B S R O D A
G D B O D G L K E G U O
Q Q E M O M V A S A Ã G
D P I O F E P O T J J H
K B A T U T A L A A H F
W U A O L B V G Y B X N
A Y O R E C A K H G E A
```

- BATUTA
- BULA
- GAJÃO
- RODA
- TAXA
- VAIVÉM
- VASA
- VASOMOTOR

## 068

```
M W I M O O V I R W R E
Z F S T M O D A X U K N
T F E G R H Q C B G H T
F N J R O Y Z W Y Q L R
H G A T A P P X P T A E
D I C B X L X H E S P T
A U U E Y X L V S I K E
N L I M I I P E N U J V
Ç S F F S C H L K R P E
A A F C K N V E N P W I
```

- DANÇA
- ENTRETEVE
- ESSA
- FERAL
- JACU
- MODA
- NETO
- VELE

## 069

```
V W J A F N K X H O T V
X V A B M I W Y M P O N
R B G S A I L Y O I T L
S A K K A T B S P N R A
N S E B G A O M C I D A
C T I T T K D C U Ã K A
X O Y E M Y A X R O S E
U X V L B R A S A O H A
G O X N D T O R D E M U
G M R C L A Y K B J T O
```

- BASTO
- BATOCROMO
- BRASA
- GOVETA
- MIRA
- ONDA
- OPINIÃO
- ORDEM

## 070

```
M K K O H F B B O Q Z W
M N J G R E Z I S I Y N
A T I C F O N O U E H X
F O D M R R C J N B G N
P C H E É A M H B N K V
P E F B D E J U A F Y U
E E T Y M R S W H L N V
T X R O X R W T P U Z K
S Y H F N X C X E K C X
M O N T E U E L O S K R
```

- BÉRNIO
- ELOS
- ESTES
- FEROZ
- HOMEM
- JUIZ
- MONTE
- ROCHA

## 071

```
F O M E B N E S S A Z W
I U U P T R Y E I I V A
P V D A N H M G R F O Z
M N A F T L U E A E U V
J Y D A Q R U D L K T S
G V O O I T F B W U F O
O W R Y T P K Z Q D K D
S J O P A P I B H Z H Y
M G G Z X T I R X R D R
A B U S O Q C A I R H Y
```

ABUSO  GOSMA
CAIR  LEOA
ERETO  MUDADOR
FOME  NESSA

## 072

```
C C N P V I B R A N T E
A Y K A G U J L P C D R
C F C F B M L F G N H R
I I L Z L B B J F J H L
M S E U S B X J D R L I
B F R D Í M C G T C Z A
A B W E Z A O H Z I G T
D U X O H R J N I A O U
O O L V A R I Z C S N I
B J N F R V P G Q N O U
```

BOXE  GONO
CACIMBADO  MICA
CAGA  VARIZ
FLUÍA  VIBRANTE

## 073

```
I S M D D P C F B M P C
Y M J D A G G D S F B O
V Q W C W O A H P A H W
Y G G O D P I E A N N K
A A D E J G A Q O D R S
W R Z V N N S S W R P O
K R C X U J R N S E A C
U A W R L E B C A N T O
V G F D G S E L E T O R
J P R K H M E W L E L D
```

- ANDRE
- ATOL
- CANTO
- GERSON
- RUNA
- SELETOR
- SOCO
- URZEDO

## 074

```
B J Q H V K K K U S V V
X A Q Q R O R F O W R A
A L N C R R F A C A Q L
T D O A Z R C E J X O M
A Y O H N F G E S H R O
R P A H Z E U L R S T F
Z B K A R Q I A Z L T A
L G X F R E L R L E S D
U L K A X A W U A S O A
N E B P C U J K M I A R
```

- ALMOFADAR
- ATAR
- BANANEIRA
- BARQUEJAR
- CALAR
- CAOS
- FREGE
- MIAR

## 075

```
M O X A V O H A T L P O
Y X B B N O T Q D Y Y O
Q Q Z B I O T Ô M I C O
E Y L I L G B A T S F T
S Y D G B C S O R S F O
T N E L O R A B E W U G
G D I J B M O D K F R D
K N O N E R A C S W O I
P P N C Y R Y T H U R N
S R Z P U A V A L E U B
```

- AVAL
- BIOTÔMICO
- BROCHE
- FUROR
- GLOTA
- GOMA
- MOXA
- VOTAR

## 076

```
Y T V E G U F A E R N Z
A U U C N T U B E L O R
T I P Y Q J S H R Ã S A
E Q W K A E N U Ç C F P
I S E N T O C A O I V Q
N V F A A Q L K L R H D
I Y P T R A M P U T A R
P M T X C U P H P N V A
E C O S Z D N P G N O R
U V E H G O F F G A N A
```

- AMPUTAR
- EMPATE
- ESCALAÇÃO
- GANA
- ISENTO
- QATAR
- SUOR
- TUBEL

## 077

```
I O L M G P F C S I J J
I W E S G P E O X N E N
L X D I G O Ç B T A N A
C U T M A E G R K V R I
H A I Q M Z U A H U T G
O Z F Q A B U R J Y D K
X F R O F L X L G K C A
R F Y U N A I V M T U M
J L R C Z A Z A Z U R T
H A V P M X Z F F S A B
```

- AZUL
- CAFONA
- CURA
- DIGO
- JURA
- MAIL
- MEÇO
- OBRAR

## 078

```
K A I E R X T F A R P X
N Y G R H G Z I N P E X
B I C O S J M Y F F W V
J E M R D E K U Í U A M
H G I B R H X V B K I T
X U R E O U S E I F G I
K A P I V W J R O S F R
U I Z Q U T Q A S G B O
H X G J W S Y G F I Z M
A V E L A I T U D E L L
```

- ANFÍBIO
- BICOS
- HIPEREMIA
- NIMBO
- RAGU
- TIRO
- TUDEL
- VELA

## 079

```
A L I M E N T O U M M F
L C E D N Q U O D C U P
M U F C W R U A V O M E
A U V Q N M C A A N A V
N O D C B F I F R T Q R
D M I A P Q H O I R Z O
I D T F S U E R C A S P
N E R V U R A T O D O B
A E X A A Z V E S I E D
M K I B E E O Q E Z A C
```

- ALIMENTOU
- ALMANDINA
- CONTRADIZ
- DOAR
- FORTE
- NERVURA
- URZE
- VARICOSE

## 080

```
L R E E C N S O W G R R
O X Z W P W A Q T A O R
B K F J I U S S T D E G
O P O B E I U I A N I D
A B D W K D M B Z N V E
W Z B N I A M F A Q B R
F J B C H A M U S C A R
H O L Ó C R I N O Ç B A
I V E S T I Á R I O A M
U A Q E V Y B F C N S E
```

- BABA
- CAMBADOR
- CHAMUSCAR
- DERRAME
- HAMITA
- HOLÓCRINO
- IÇAR
- VESTIÁRIO

## 081

```
N J G X T R A J F V B X
K D Z X W X I U O I R A
I Z A M B A S G M V E E
T V U D I P N Z C E C W
L F H Y E E P O U N H O
U D P M L K M S A C A F
R X J I Z B Z D A I R M
P A G T E B N H E A V D
V I T A L I Z A R L J U
V E N T A N E A R X B L
```

- AINDA
- AMBAS
- BRECHA
- UNHO
- VENTANEAR
- VIGILENGO
- VITALIZAR
- VIVENCIAL

## 082

```
S R F D W Y G A C K G N
S X J G W C E V O P P E
B R A Y F L X B U G I O
W T Q K G A P T O G F F
Q N G R Q Q U J A Z A B
B C Z D D Y S T C B L A
V A L S A N E O E E U C
Z X D Q A W R R I Y D U
N Z S B P R E F Á C I O
K U G J S B M Y G B B I
```

- BACU
- BEREBA
- BUGIO
- EXPUSEREM
- FIEL
- PREFÁCIO
- TABU
- VALSA

## 083

```
K Q K Y K P B L N N A H
Y S N B B B O I C O T E
M E R L F A V A L N E P
P X R I S S A A B W X A
E N G O S T R C G P E S
D T R A H E I B L O R S
U I Y D T I S I A P Q O
F F Q U E R M E S S E P
I J V R C A O P C F G Q
B Z K S Z S W U G Y U G
```

- BASTEIRAS
- BOICOTE
- BOVARISMO
- FAVAL
- FIRO
- PASSO
- QUERMESSE
- VAGO

## 084

```
B J A W J V E M Z S E B
P O J T R E O D G F X A
I G I J E B R K Y J D D
B V B A V Í O O H F I A
C K A A R K S S R D L L
E I G D I O O T V M U A
S S A I K X Y Z I O Í D
W P O S T E S J A C A O
K C P T W O M R I G O R
T X K O R V E V L U V C
```

- ATEÍSTICO
- BADALADOR
- BAGA
- BOIAR
- DILUÍA
- DISTO
- JACA
- POSTE

## 085

```
D K D D R Y W G J X R C
Z I B A Q L C K R A E Q
F A G G A W J J S F D A
E V Q R C Z U N T C K Q
V N Z L A L E Z Q O Q J
T H T O V P V C R A H R
H I J O S P A Q Z G T C
R E T I R O D E T E U S
C A D U C Á V E L L D Y
H X P Z E B A G U O O R
```

- BAGU
- CADUCÁVEL
- DISPENSAR
- GELO
- GRAPA
- RETIRO
- TEUS
- TUDO

## 086

```
L O T O B D N Y Q K A F
R E V Í R A M O S H S R
M E D A A X I O H X A X
A T O E C C X A C R T Z
X H Z T S E R K U C I O
K X E A C R L D P H N Z
B G T T A C L B D U Z B
T E F W R O E S D M P H
B Y G M M L J K E B S E
N W B E Z M D L Q O Q M
```

- BAIA
- BEGE
- CERCO
- CHUMBO
- EMOLDURAR
- LEDES
- LOTO
- REVÍRAMOS

44

## 087

```
A R A W J C M C H O C U
Y Z U A Q A C L T A S C
L G B U W P R I N J M B
X Y B W T A M V Y U K I
K P O B M I R F F S D H
S W U E A O D G Z J Z E
H P R C M L R O O V N W
Q C J E B U É A T I V O
H C P V A M W C H A C H
B R A G A D U R A W R B
```

- ATIVO
- BALÉ
- BRAGADURA
- CAIMITO
- CREMAR
- DOTAR
- JEBU
- MAMBA

## 088

```
S Z Q M U R T A L E P O
K Q C H Z X L A P I E W
E F O A D U O F L V L F
N Q A M S N H G B Y E A
Y B E Z A J U N T O G C
S P I S U S D O B E U B
L J U L O L C Q R S E E
E G R H R M G K E O A I
I T M F X A N X A W R A
A L S B D V R B R O C O
```

- BILRAR
- BREAR
- BROCO
- GUSANO
- JUNTO
- LEIA
- MURTAL
- PELEGUEAR

```
U C S B C Z B F T H B T
N V K L T F B K S O X E
J I D W O N H P Y L U G
M C Q L X B F S N O B U
F A V B P E Z C B G R A
Y R E L E R S H Z A O I
R I G B F G F O G M C R
B A S U L H Q V C I A Ô
I T R L Z S E E F A R Á
R O W L L E O R B B R E
```

BROCAR  HOLOGAMIA
CHOVER  RELER
FARÁ  SOCAR
GUAIRÔ  VICARIATO

```
Y W M A J T E Z Y J S B
P P R C M X K E I A P J
D O L G A Z I A Q C Z T
N T L J G A R Ç A U V N
K D E I B G C V L A U R
I P K G D P I T E P A S
I N S U Q E U P R E I F
N Q O A E D Z C T T V O
P V T L G J O A A I R R
U Y Y E F S T Z R J K N
```

ALERTAR  JACUAPETI
GARÇA  NORA
GAZIA  POLIDEZ
IGUAL  TATEAR

## 091

```
T F P Q Z O X T U F N Z
U M C I V I U E V T T E
B I P A D D L Z C L S P
U S N E D R L H M V Q I
L G P C Q P G A J L B F
I I D S H S J Y N Q O I
Z R K B N A A J H H U S
A I Ã H M V R D C T O I
R U T O Y C R U I V X T
R Y M X N N G D S O X E
```

- EPIFISITE
- IGNAVO
- INCHAR
- IRÃO
- LANHO
- SADIO
- TUBULIZAR
- UCHO

## 092

```
K R E D T E R G G F V F
T X Z K Q K R G J Z A T
S B A L I Z A G E M R V
W P C V E S T E F C E E
Y Z N H R R E G T G J B
C O X A Q O R S U H I E
X O G O Y X R Y L O S F
V I V X T V A E H C T X
V W U A N Y R G A R A B
S P A Y S L Y R N E O N
```

- ATERRAR
- BALIZAGEM
- COVAS
- NEON
- TULHA
- VAREJISTA
- VESTE
- VIGAR

## 093

```
P L R O O U O C L E V E
R P I N S I D I O S O A
B F K D R D V U O B Z X
A E O Y S R J L V M K R
P M E R O D A R Z N A M
O M T G U C R A S M Q J
Z O X P B E H U I Q E V
O W Q H E E L L N B W B
Y C D E R N C A C H A T
X S F W B A R R I L C H
```

- ACLIMAR
- BAPO
- BARRIL
- CACHA
- INSIDIOSO
- LEVE
- RUELA
- SOUBER

## 094

```
B A T I S F E R A J Q F
M B N C R G M Y A Z W H
D H B S O F O R J A R U
O B S C E N O V M O D S
X M A C F F D S Z Z L C
H Y J S X O D E U F L O
Q A N O E A P Y N D U A
X X C A F A N G O S O D
N J T Q H S X G U Z A O
S V E R G A M O T A G R
```

- BASE
- BATISFERA
- CAFANGOSO
- COADO
- CONDENSAR
- FORJAR
- OBSCENO
- VERGAMOTA

## 095

```
N A U Q T T A C Z P X
A J L E K G S H P I K K
A C O R E S T I T U I R
T F O T O B O A J V G L
B G J M L E S M S B A J
L S E Q C Z S B F T R A
U W E J Q O I O A Y É J
J E Z D M A R B J Z O K
N R L L P R W G X X I P
B O W X A F A J C S A Z
```

- BATA
- BEZOAR
- FOTO
- GARÉ
- IAMBO
- MOSSA
- RESTITUIR
- TOSSIR

## 096

```
H C G C S K N S J L T H
I O R C I C A L I Z B K
S V V E T U G V B J O L
T V W U Y A N D R M L R
Ó A L U G A R Z Z A A P
L S Y E S K P H Z A C J
I C P X N S I A P I H J
S A D P O H E V F A A S
E K L O H C N F G R D P
V A T R I C O S O A A G
```

- ALUGAR
- BOLACHADA
- CALIZ
- EXPOR
- HISTÓLISE
- IARA
- VASCA
- VATRICOSO

49

## 097

```
E M B U A I R I N B Y M
M T B A N A J R R E H T
M M W K I U R V J I U E
J K I Q F A D R S E F C
D D S J N T C Y O R F A
C C O O D Z K U G Z A S
V E T E R N I Z A R L T
W N M F R K C G A J C R
E J R O Z F R A M E A A
H E N O B R T X K R M R
```

- ARROZ
- BAIACUA
- CASTRAR
- DOER
- ENTONAR
- ETERNIZAR
- FALCA
- FRAME

## 098

```
T F U Y E J D O C Y E W
O U R A R W Y I F I C I
W A I L Q C B V V U Y B
P A S A C F Z H V U Y B
U N X G O R A Z E I R O
U A R A L T U O A Q X G
A Z O R O Z U Q T S T G
G J A C F C Y F F T F A
Z I I C Ã I B R A Z O M
P B E R O V I Y F Q J A
```

- ALAGAR
- BICOTA
- CÃIBRA
- COLOFÃO
- GAMA
- GORAZEIRO
- PIAR
- TUIA

50

```
G V Z P F M Y C N A Q J
O Y L B P X U V W I F T
M I Y H R R F X O Z Y R
N E S M I G H G O L J A
D L S B U O R P J X T B
F U O G D K M A Z A O A
S Z B I R I A M Ç R W L
F I Z K L R P N U A Q H
T R B Q P O R C A R I A
O S L R E N U M E R A R
```

GRAÇA  PORCARIA
LIMPO  RENUMERAR
LUZIR  TRABALHAR
MUXOXO  VOLTA

```
Y J P E H M H V P B Q L
S D I P L O M A D O W J
Y B N A U K V U O F T F
L Z D E R E Z G G A X Q
A T I Y D N Z I R O W T
C H G V I E W O O G R M
Q H N O T I D W Z A H A
N L O K Z A N Q H X H G
M K E P I P Ó L I C O A
T R I F Á S I C O M C K
```

DIPLOMADO  INDIGNO
EPIPÓLICO  MUGO
FIADO  OGRO
ILHAR  TRIFÁSICO

## 101

```
P R F A O K K W N Z Z Z
D M F A O V Z A B N R R
W P R M Z S I T N E A H
L A M A C E N T O S B Z
M T Q L X E S X A N G A
D J P I V Y U T D F D C
G Z J U N Q S Y A E V O
P Z O B M Z S H P L B C
F H E O L O P X D E R A
A U F I A E Y V E S C O
```

| | |
|---|---|
| BEBA | ESTA |
| COCA | HOUVE |
| DERA | LAMACENTO |
| ELES | VESCO |

## 102

```
H E L O T I S M O P J Z
E É R W V P P C U M X X
H V R Y G L G T R Q E K
B R O N Z A G E M I V T
U V P N I H F M M C N S
R O A C D A W I M N C E
R X S Z D U J I Z O H E
A Q M B V A L E G R E O
T X O I Q D S A T W F V
B I P E Q R K X R W E G
```

| | |
|---|---|
| ALEGRE | HELOTISMO |
| BRONZAGEM | HÉRNIA |
| BURRA | ONDULAR |
| CHEFE | PASMO |

## 103

```
L N E L E N C O C D L T
P T X S G Q N B H E E V
E F O L E I R O C T G T
X E U Y U D A Y L O I O
P X L J Q F O U T N T M
O L I L G G J B K A I B
R F Z P Z M Z J R D M O
Á H I H N L J I H O A V
S Y J U S T O Y X R R U
T W J I B E C A J Q N Y
```

- BECA
- DETONADOR
- ELENCO
- EXPORÁ
- FOLEIRO
- JUSTO
- LEGITIMAR
- TOMBO

## 104

```
Q U I R I B A T I C H A
Z B Z K G O V Q S F J B
Z T A Z H E L E T D B W
B K A A B H M B V I Ç O
D H M M I R B O M E C J
Z Q E J O Q B B X E X F
A D M F C P Y V B M W E
I I I K O S D U I O L G
U N I C I D A D E R D T
U U L C M N H U Z A U H
```

- BECO
- BIOCO
- IDEM
- MORA
- QUIRIBATI
- UNICIDADE
- UNIFORME
- VIÇO

## 105

```
L R I C F V U K F L G S
I Y X G O E N G A T E G
M K N D E I Z V I J V G
F V Z J Q P U E E M L L
U P K B N R X C S R A K
W J M E E J U N C A S A
L G I H B L M S I B C O
X V C V F U A I W J X N
R A A U S Y C Q K Z U V
C Q A V H S K F F A Y I
```

| BELA | FEZES |
| CACHE | GIMA |
| CASA | UVAL |
| ENGATE | VERSO |

## 106

```
I M W O Q T U I V N J O
H W Q A U B P L O F F Y
W J X J O G Y N X R J F
S Q F N O A G M S V L Y
H F Y L C I Y W S F U A
X Y E H D V L X L P A R
V B F E C X P O T L R E
C W D S E X Q P I R Á S
D I P C H Y L F L L V T
F L O R E S C E R M C A
```

| ARESTA | FLORESCER |
| BELO | IRÁS |
| FIDEDIGNO | LHES |
| FILA | LUAR |

## 107

```
B D A V O B L B F O P G
A F L E E M E A A D X L
R T G K G U N R U H C W
B T E M N Z E O V N O M
I Q R Y P V P N I Ã S B
T M I H I E Q D R K S P
E K A T A T G I B R E V
S U N H A N D O E K N G
O A O D P F G P H V O U
M U K E M M Z O G Y R S
```

- ALGERIANO
- BARBITESO
- COSSENO
- DIRÃO
- HANGO
- MANTIVERA
- PEGO
- UNHA

## 108

```
C H L X Z G D U A K F N
O D F M I R T I L O I A
J Z J R C C G L N F X V
C O Y U T O P I A E A E
A A V M L C V H P R M G
M P S O Z H N D H I E A
K U D T H G R H A D N N
S N A Y P T Y B L A T T
I R L F D T H G V S E E
I U F J A R X A Ã F V P
```

- FERIDA
- FIXAMENTE
- HALVÃ
- INDOLOGIA
- MIRTILO
- MUAFA
- NAVEGANTE
- UTOPIA

## 109

```
B M Y W K H T U M H Z O
X E R U H Q D L A S C A
T E N G P F Q R V Z X G
L W U S S G I D Y S J A
G A K Z B E K R W P D O
N S U M I R P V M E V C
F O A S M K D E V A T B
I Z R A B A L A N C Ê B
T E H L O T U C K S U P
V W I P T T G W O Q T J
```

BALANCÊ
BENS
BIMBO
FIRMA
LASCA
SUMIR
VEDA
VERSIEIRA

## 110

```
G S U J H I P O S M I A
I L X F C P A E Y Q M B
F T B D A T F O D T O N
B Y Y L E L G E A L U I
D U P B A N H A U A I N
W G I J S I D C H O Ç A
U P T A U Ó Í R B X V B
K G A T O B S B Z V J H
B R A G U I L H A Q K M
J H N R E O D I D U H U
```

BANHA
BETA
BRAGUILHA
CHOÇA
GATO
HIPOSMIA
NIÓBIO
UBÍCULO

## 111

```
B C T S N Z X K O H C F
L O N G Í N Q U O B J V
S M D M U L T Í V O C O
C P T E O R E Z A R A J
E E E J G O J R V J L Z
K N X R R U W R O E P S
E S J Q N B I H I A T O
Q A H O G A S C N K L V
V R C R P D E N E U P C
J S D X O O I B M S C L
```

BODEGUICE
COMPENSAR
HIATO
LONGÍNQUO
MULO
MULTÍVOCO
REZAR
ROUBADO

## 112

```
G Z W H H P C N U Z Z Z
F W X P A V O T S O C A
K N K H D R U U C I Y B
P H H R G R L U R Q G A
Q Z I P U B B G R O Y N
M Z N Y L P J S L N B E
J X S P O Y N E S E A I
O R D M U T X Q S K N R
E D Q E S A L V O I D A
R M W E V Q R A N S O X
```

BANDO
BUCO
GLEN
SALVO
URNA
URUTU
VAXELO
ZABANEIRA

## 113

```
A F W C F R B G D A Y L
P I D C R J X M E B Q T
R A N A A U A W U U N J
Y D C C G I G F S C M I
Y I T W R D R X A U J F
F D P A D U V A T V Y G
T D F X S X E E M A Q U
F N M L S C B N R I T G
J B E N Z O D A T M N C
U R B A N I S T A O K A
```

BETU  
BUCUVA  
CAIRAMINA  
DEUSA  
FARIAM  
FICAR  
INCRUENTO  
URBANISTA  

## 114

```
X T R T N Y T J N U G Á
K A I H W O E O K Y Y R
F R V I S I V O Y H A A
M Q U D T W M O B T Z D
A J P S G A G A S O L A
J S U E L I D E R O U P
N Q U R N O C D K R K I
K L G N I J V E T X A T
T W W C T B P F X T J O
X L A D Q A J J Z Y G U
```

APITO  
ESTAR  
LIDEROU  
NOVOS  
NUGÁ  
SOLA  
UNTA  
VISIVO

## 115

```
L M O B I L I Z A R C F
K L S N H G T M M K G E
D G M M O T D D A L M L
L D A J Z X H I N R B I
X M E J P G Y T Ú W E Z
M R M J A K L F V S T A
B D W J Q D Y K U N E R
W Q R Y X O Z M L M C D
T O N X M U Z F A H O O
C I C L A M A T O A U P
```

- BETECO
- BREJO
- CICLAMATO
- CORJA
- FELIZARDO
- GAJA
- MOBILIZAR
- ÚVULA

## 116

```
B B C E W E R F B P W K
M R H I M S D A U P M K
U C C V T L O L G X B K
O N U D W R V C U O E Z
K Q M E Y T S A I T Ç R
U P S Z U Y E T Z R A C
Z N M D I S T R O F I A
J N I W G J A U E T Z C
U N Q U E V E A R I A A
S X U T G B B U E X V U
```

- BEÇA
- CACAU
- DISTROFIA
- FALCATRUA
- GUIZO
- LUTA
- SETA
- VEARIA

## 117

```
P E O R H C T M M S N P
W X Q H U R M O P B V I
X I Y X V D Z D M D B D
M U Q F Q B P I Z H A S
O P Z V J R Y F T K M A
V I T Z E F H I Y L B R
I L I F D M Q C T L A A
D S O L V E R A G T R M
O H Z B B N L R I R A P
C A F U N D O C A L D O
```

BAMBARA  
CAFUNDOCA  
CHOFER  
CITAR  
MODIFICAR  
MOVIDO  
SARAMPO  
SOLVER

## 118

```
E O W M Y N N L X J B L
L V S D A Z R S M U O U
E D E S A P O I A R R O
I Q A S A E C O P D T R
T R T A T C M Y S E E V
O G S E C I T Z F M Q L
R G U O L O J A I O J K
A O E R P N H T H L F N
L G U Q T J G W V I Y R
I N I C I A Ç Ã O R P K
```

AFETO  
DEMOLIR  
DESAPOIAR  
ELEITORAL  
INICIAÇÃO  
LIMO  
LOJA  
TIME

## 119

```
C L E B J P Z M N P T A
R W N I U X S E C O U M
S M M C T B A Y B A B I
D A W A J U M T A G É X
I Z B P M N F Ó R E R S
U M Q O V U R K R B C J
K R S V R U X E E U U N
Q L D E Z E P V G R L H
U A I I B H A M Ã W O A
N X B A C E L R O P Y K
```

BARREGÃO  
BICA  
GEBU  
MÓRULA  
SABOREAR  
SECO  
TUBÉRCULO  
VEIA  

## 120

```
T H X M W P F U P A W A
F A N S A I R E P L A P
X L V A W M M A M O Y R
S I J D W E V K W T C O
G T R W G A L C R G L X
I É E A B T J R M T J I
Q R M A A G E A O Q F M
M I I B Z D M N V P V A
E O R É G A N O E I C R
G E J N S Z V G R Y Z V
```

APROXIMAR  
GOIABA  
HALITÉRIO  
IMAGEM  
MOVER  
ORÉGANO  
REMIR  
VAPA

## 121

```
Y M K A T R A T A R K R
L U N P A E I S R J Z Y
Y L M C T E L O I B U D
N H W O T M X M Y Z L T
V E F O T S B T O Q V U
G R L F M D C É S I O T
S A O W T M K E X N J E
C Ç D Z K P Y R F T Z I
X A A L P E F B A E L O
E S D N D G E S O L F V
```

- CALOTE
- CÉSIO
- ELMO
- GESO
- INTEL
- MULHERAÇA
- TRATAR
- TUTEIO

## 122

```
C A L A N D R A R C Q D
I H M E N T I R O S O W
R J I Q A G E X L S K I
Q T U X N F T H P D O O
J B G Z I E E Z R Z I Y
N U D P D Z P U A R M F
K F D W R C H Q T J E T
N I C H O H C Á O Z Q D
O N Y B C T P N A Ç Ã O
O A S Y O Q R C W H G E
```

- ANIDRO
- BUFINA
- CALANDRAR
- MENTIROSO
- NAÇÃO
- NICHO
- PÁTRIO
- PRATO

## 123

```
A Q U A N A U T A J F E
W F Q T K D O V A P U G
T T X N H L D S Q Q Z E
C O O C A E S O D F D C
A R H G Y O J Z S B J A
F N F G L P X M Q D I B
U B P G Z W H Z W E N A
Ã Z I N L K D A T A G Ç
O P D E N Y Z E Z D A A
E N B A L A N Ó I D E B
```

- AQUANAUTA
- BALANÓIDE
- CABAÇA
- CAFUÃO
- DATA
- EPIGLOSSA
- GALO
- JINGA

## 124

```
I A H D B Y K J E O G O
O L Q A N S Y N Z F M R
I F A W E J O N Q O O A
F I I G D F F A R A U B
F O H I O I G B W R Q U
A D R R Y M I G P S U L
Ç O D A C G T Y A S I H
O I L R Y E G Y G X D A
H O T E L A R I A J Ã Z
L H V X S G S R C O O Q
```

- BROMO
- BULHA
- FAÇO
- GIRAR
- HIDROFONE
- HOTELARIA
- IODO
- MOUQUIDÃO

## 125

```
C X Q N Q O C D R R E S
P X L I C O C A N D C H
A O C I C O T P A G C J
F I B R R A U Q C A L O
K Z A U R E L J V Y V R
D N P T O E X B F G E W
F A N X S Q B A O O Q C
O O F B V V L O R Q D H
C A P O T E M O C T U X
C L K O H P X T B O W E
```

- ALBOQUE
- APURO
- BICO
- CALO
- CAPOTE
- CONTRATAR
- REBOCO
- ROER

## 126

```
U X Z O X E T I D E A U
F I K C H L X A N F M I
V V R G P L A O N O A S
W Q C S A D C Z R T N Z
I D Q E A I N C W Ó H Y
T C Y R V A H Q T G E L
L S O E S C A L A R C U
P A R M S M V E S A E T
N B S J X K R X Y F R O
V I L I F I C A R O O T
```

- AMANHECER
- BREVICONE
- ESCALAR
- FOTÓGRAFO
- LUTO
- ORADA
- SEREM
- VILIFICAR

## 127

```
W P J W Y R M H L D H F
J L R M F G K E R X P O
W W P W V R B A N Z É R
T B I L A R C I P T S J
X L G F B I D É A S R A
X L U S F K U M A K T E
N O C I T P A E G E J I
M A M I K C V S M B F N
G A D M B J L Â L I B J
R W G A I M G N J I V R
```

- BANZÉ
- BIDÉ
- ENTRE
- FORJA
- GÂMETA
- MOUFAR
- NADA
- RAMIFICAR

## 128

```
V N J U E Ú G H E V Z G
I I I I M O T U O Z W J
G L T H N W Y I G W J X
I G K H B D V Z L W H G
L J Z B M F U D O K P X
E H O R D A P Z W G T V
N G H S R B C A N C R O
G T R A T L S O S Ô O L
A X B U N W R W S C S M
Z L V V I T Q I V O A O
```

- CANCRO
- CÔCO
- HORDA
- INDUZ
- OLMO
- ROSA
- ÚTIL
- VIGILENGA

## 129

```
G P D L R H S L P R P Y
T X V O L Z Z W R G Z A
N F N H R F A A P N X S
Q O Q L R Z M F O D K Z
M M V M H E L Ã G Á P O
A E B G R M T N J G J T
L R M S N S K O M U X Z
D I V Q E P T I C A R M
I N T E R V I E R I T D
Z Ó D J O V S T W T C G
```

- CUJO
- D'ÁGUA
- ESTÃO
- INTERVIER
- MALDIZ
- MERINÓ
- REMAR
- TICAR

## 130

```
P N D G U K Z M E V B R
Q G F U Y B H P O F A E
E R O H B K Q L N P S I
J E G J Z O I H T A I N
E G N W M F W E E N L S
V I G D É Y L T M U I E
J Ã B N U M A E R B S R
T O I S D M V E P W C I
P P F F J Y B Q U A O R
E O E T R G F O S K O H
```

- BASILISCO
- BIFE
- EPINÉFILO
- MATE
- ONTEM
- REGIÃO
- REINSERIR
- UMBO

## 131

```
Z Q Q K E D K G Z K A Y
C G O G W Y N Q W D H F
U B I H K S T K F V O Y
N U S E A E A F W Z K D
H U P A W L M Í X Q U O
A K N D J M G Y D S G Y
R E C R Z C O U T A D A
P G O T P J A T É W U Q
Y G T O S A T F O M O S
S K S T O I B A L O F O
```

- ALGUÉM
- BALOFO
- COUTADA
- CUNHAR
- FOMOS
- PENA
- SAÍDA
- TOSA

## 132

```
P Z C G Y F G K B I G A
U I Y D Z V U L A I L T
D L I A B X A R B T E M
P M B I Z L R N P H U V
T Y M D I F N Ú T E R O
P G M Q I M I B Z E A A
S W O X J X Ç K H R M Q
M U L U C T Ã Y S S E D
V K A F B R O S S A R R
W V D M L F E B R A O N
```

- BIGA
- BROSSAR
- FEBRA
- GUARNIÇÃO
- MERO
- MOLA
- ÚTERO
- VANTE

## 133

```
P Z Q D U F M A N O A F
P F W G H B I O M B O B
I R Q B P R I R T B L E
S M P T A V M O O U P B
F L P F F S D I L U I R
P D S B U G I A D A E U
S E Z K E N N I O G X T
D B D D O B N B I G U E
A C R D Q S R F U M O A
Q H B S B Q B D K Y M R
```

BIGU  DESFARIA
BIOMBO  DILUIR
BRUTEAR  FUMO
BUGIADA  TOLDO

## 134

```
M C F A T B P W U E V E
E V G N Z L E D F S A Y
A I Q L A D W N P N P V
V N Y E W C S Z A E A J
O G L P R E G A L O N L
U A G W B B P P I U H Q
B T W U E B F I Á M A J
A I L B T K M Ô S C D Z
D V O X P B C A R O O O
Q O Z Y D Z O S I A R N
```

ALIÁS  PISO
APANHADOR  REGALO
FÔRA  VIGA
LEAL  VINGATIVO

## 135

```
R C A Q N E A W Y X Q I
Q U U Y Z P M I I B C G
I D K U O S M X N J E N
I V P M P G E C F X I Q
O I P I E Z E B U J F D
V O T F P Q V G Q P E I
D L R P Ú B E R E N I L
O A U C R R L L O R R M
M U N Q U E I R A M O S
N X P V N B B A F M X U
```

BILE  
CEIFEIRO  
CUPIM  
FÚRIA  
GEROU  
PÚBERE  
QUEIRAMOS  
VIOLA

## 136

```
E S F W A B Y B P I P S
S V N O D U J S F K M L
D T N M A C U A Q I A P
P A C I E N T E T J N Z
I K U X U O Y S A N C Y
S Q V V L T E J D I H R
C A O E J F X L C T A H
I B P B M G C R U V Z O
N H F E R R O U L H O H
A Q O V Z A Z Z D E V E
```

DEVE  
FERROULHO  
FESTIM  
MANCHA  
OBRA  
PACIENTE  
PELOTA  
PISCINA

69

## 137

```
T F T B A P A C S E I V
E P I A A C L S A F F J
C Y I R B O X I A M F L
A Ó X B C A R A M Y V L
J N I A I W C O Y D L A
K M R Ç A D X A H X M P
Q Q E U O T Í N D I O C
H S T D U S Q D N A R T
T B R O T L A Í E O C U
I H O K Y S M V D O T M
```

BARBAÇUDO  MÍNIMA
IBIDÍDEO  RETRO
ÍNDIO  TABACADA
JÓIA  TECA

## 138

```
Q F A P F Y S G I D M A
G H Ç K M E E Z E L V L
U R O E Z I U S G O L E
K C I N Q H O I Z A E J
P F T F X R A N I S Z B
V C E V C B F L P E I E
P I F E R A Í H A B X T
B T N K I G N S K L C Ã
P W V E V O V U S C I O
F S R M H T W P Q S P U
```

AÇOITE  GÍLIA
BETÃO  GOLE
FERA  HALALI
GAZE  NECROSE

## 139

```
O Z M E I W H Y I W C E
P V J R R O Z C U X T G
Y K R F C B E G A O O E
F P Q S P S P M D J B A
E P I P G W C W T I N Y
N R J S V T R N D E G O
O G W N T V H J H W Ã A
L J N I R E D O R D J M
T Y M L T R E G U S K E
T F S O U B E S S E M O
```

- DIGA
- DOTE
- FENOL
- HENA
- REDOR
- RISCO
- SOUBESSEM
- SUDÃO

## 140

```
A Q P V O F I N T A R S
T X A A U U N R U Q C J
P N T E V Z S U L B F F
V E C C E I F A C A U T
I X T A L F N E E H F W
N O T I F I C A R B W J
U Z R H O I J N A O W Z
O U A H J Y F W N T A I
B A I A C U P A T Ã U K
U F S C N L Q Z E O U T
```

- BAIACU
- BOTÃO
- BURIL
- CAFIFA
- CEIFA
- FINTAR
- NOTIFICAR
- ULCERANTE

## 141

```
F T F G G A X F G T A M
N S R Z C X M F G F R F
P D Y Ú S L X P W C E V
N R I V A L W S A I Q V
K O B T I U I V O G U X
R D Q U U J J M E A E B
D E B E I F E T I R N A
C G G F O W O J E R T N
K M X L Y M A M L O A Z
I B C X Z L B Q M K R O
```

BANZO  
CIGARRO  
IÚCA  
MOTE  
REQUENTAR  
RIVAL  
TUFO  
UIVO

## 142

```
G W M E N C I O N A R H
E P R T G M L B I I L I
R I L Z F H Z C Q V D O
U L L R T R O Ç A A U G
N D B G Y M G F J G U U
D T Z F U E N U W O Z C
I E T T B R J J T N F E
A S J W Y T U S N I V J
L S J O R C A P L T H S
F E Y K G G I B U E B Q
```

ESSE  
GASTOU  
GERUNDIAL  
GURUPU  
MENCIONAR  
ORCA  
TROÇA  
VAGONITE

## 143

```
R B Z U Y I R F U Q F A
L U M J U M P O T C Ç O
G H E Q J K S J X A A B
J Z I V M O Y L U H Ç Q
B L S O U A S R J E C A
Y W P T T P K J V E B D
B A R R E T I N A V Q U
G O X A Y B F A K A E P
T D R Z X P N E T C D U
C O M I L A N Ç A A A V
```

BARRETINA
COMILANÇA
JECA
RUAÇA
TAÇA
TORTUOSO
TRAZ
VACA

## 144

```
V H X A P X V M I L U R
C A K M F A S H O R R V
O S R Z J I K S F K R A
S I O E W N A T R I L R
M B U N T V I R E K C I
Ó A M O J E X L C F P L
L N Q U Z J I B H O U O
O D X J G A C R A V I N
G I T X L R Y G O P K G
O M V C L E M B N X Q O
```

ATRIL
BANDIM
COSMÓLOGO
FRECHA
INVEJAR
VARETEIRO
VARILONGO
VASOL

## 145

```
C N P N X V M U F I T A
P U J O Q Z W E L E Q O
D B D V P M V J L I G A
Q M T E I T K N U N R B
G T H W Y M C U U U K T
J E E F U C L F D M N B
R G Y O S B R O W G S A
Q C A L E F A T O R V R
F E E G F R A B D Z Y R
B N A A D H U H N N A A
```

- BARRA
- CALEFATOR
- FOLGA
- FUNGO
- JUUNA
- LIGA
- MUFITA
- NOVE

## 146

```
U H C A L E F A Ç Ã O R
S A X F O C B I G C Y E
B D B O S Í T I O E Q P
B Ó F R L S R D A P Y U
H P L A F B L V H Z O S
U I N I Y V I A J H M E
J Q G G D Z S R P K U M
J T V X A O M E B P L O
O Y T X E L B I I M T S
W B U C B Z A O R P A Q
```

- AFORA
- BÓLIDO
- CALEFAÇÃO
- GALA
- MULTA
- REPUSEMOS
- SÍTIO
- VAREIO

## 147

```
P Y B L D F C E V M X A
W A D A Z F T G H D R R
T C P C P S E L Q I C E
R H L Q A L I M E N T O
I I R E I N L D Y E R M
P E P T U J A J C M Q N
Y K A O D U V O P V L Y
M Y L A S E B L W A Z K
T I C O H T T R A V A F
D V O N L C A V I J T Z
```

- ALIMENTO
- BOCETE
- CANA
- IREI
- PALCO
- RIPOSTA
- SUADEIRA
- TRAVA

## 148

```
R N L W P Q O A A H A X
V L T X Z N L W S K M Q
J U P J Z X J K B X F R
G Q F T B O D A A X A E
N U L M B O I L C T W P
F J F M G L Z L I G A R
J I A K O S M B A C V E
J B S H C W A R O O I S
N S A R O O G B Q S S A
M Á L I C O X W E Z O R
```

- AVISO
- BACIA
- BAMBO
- COABITAR
- LIGAR
- MÁLICO
- REPRESAR
- SABE

## 149

```
X B O D C B N N J O E Q
G D A G D A I H I D R C
C C M G D A L D A V M U
W R A F U Y C H N Í E X
X I S T C N C M A T D T
T F S Z M V Ç B T R I A
Z S A E X P E A O E T A
B G D J S E Q I D O O D
E R O L F M F J G A R V
D B R X R Y N R R A A T
```

AMASSADOR
BAGUNÇADA
CALHAR
CHADE
EDITORA
HAÍDA
VEIGA
VÍTREO

## 150

```
W N V X K H G B A A N E
G A G N B R I O I E O Y
B Y J J Q N N R G N V W
L I Z W C M A A U D I M
L E S N E Ç G P X I L H
W B A S E A R Y Q V T H
D C C B O R D A R I A E
V R A I V H I I G D P O
W C S S C E Q U L A N K
R T R J O P U Z F R Y C
```

BASEAR
BISSO
BORDAR
BRIO
CABEÇARIA
CASO
ENDIVIDAR
VILTA

## 151

```
D E S C A R G U E F A R
Z G I G D F V T R I U V
M Y M O X Z Q E V E G H
E L P V Y X V S L T Y Q
V K A S X E V M U B Y K
I T G Z J B I P O A J D
L B Á R D I C O C R Z A
U D V B U Z L N J E O Q
E W E P Z V U C O M E U
L T L O S N A N A E A I
```

BÁRDICO  
COMEU  
DAQUI  
DESCARGUE  
IMPAGÁVEL  
LOSNA  
MOROU  
NUNCA  

## 152

```
S A B O C A N H A R V W
E X B E Z E R R A D A S
F K L H V R U T F C S Q
P G R A M E R Q G A C J
E B Q A O O E B E Ç A S
K V X W J E J X V O R N
S X I E V K L J K L T D
G P C G P W S E Y A U J
V I B R A R K E N U N S
V J U H L T J G T O A N
```

ABOCANHAR  
BEZERRADA  
CAÇOLA  
NUNS  
TUNA  
VASCAR  
VIBRAR  
VICEJO

## 153

```
S E O M H O A R H B O D
T I L F C E A I F I B I
F Z Q O F I D T V R Q M
P B R E G U E S S O M P
X A F U S I F R C S A F
W T B O N X O N L C E T
O I X F G P B S V A L O
Y D C P T Ã V O A R O J
L A C H U Q O Q D S B O
E X C E C K I H E O D Y
```

BATIDA  BUGIAR
BIROSCA  ELOGIOSAS
BODO  FOGÃO
BREGUESSO  VALO

## 154

```
K V C S L D H I Z B Z Z
P B C G Q N A W O A D O
U R R Z H L Y L S N Q A
B A E F T C F V I G Q D
O C D Y D T O M O U I A
X E A J J Z E J G F T G
H A X N B S E S Q U A R
H G E Q J Y M H G G Ú I
W E N N I A C U T O B D
H M Q X Q T O T Y S A O
```

AGRIDO  GUTA
BANGU  IACUTO
BRACEAGEM  ITAÚBA
DALI  TOMOU

## 155

```
C Q Z W F J B J H G L F
M U J G S E S D Q P I U
M B M I N U T O V F V K
I H S U B M E R G I R Z
T I Y R H C A D O X E H
X P Á U V B T B I A S T
O B V X V A G A N T E Y
V X S X L C O Z E R B P
K S P B X W L Q P Á O J
K Y F Y Y V A C N S R C
```

- ATRÁS
- BÁRBUS
- CADOXE
- GOLA
- LIVRE
- MINUTO
- SUBMERGIR
- VAGANTE

## 156

```
Z I G V K K I W E O P Z
N A R I Z F M U Q M C Z
N W W I E D M L U U U K
C J S I G O E C I S N P
G D Y E L M Q F P A F Q
T R K A Q E V I A R C O
Z U R M S B L D R A W C
X I M U A A D E A N L P
V H S Ç H R W A R H M T
O U O Á I X É L W O C M
```

- EQUIPARAR
- HALI
- IDEAL
- MARÉ
- MUÇÁ
- MUSARANHO
- NARIZ
- VIRAL

## 157

```
P W T Z K N J C D E P Y
P C Q B A U Q I R F Z B
Q O A H W V G A G W T T
T O N Ç Q V R C C T F R
B K J B A U E M M E I O
O G Y G G D I K B C R C
V X V R X Z O E D G A O
G T A P B I C H E N T O
D M J T S V F I D E L X
A N T E D I R Á S H O I
```

- AMARGURAR
- ANTEDIRÁS
- BICHENTO
- CAÇADO
- FIDEL
- FIRA
- MEIO
- TROCO

## 158

```
W D Z X W J L D B F H A
Z J C E E H Z U U P U P
I G J T T B U N S E T E
R X W Y J X A N L A E N
W X K N C Y A B V T Y N
V K H L T J O C N C U B
D E X U C A E E N O V A
U G S B O U B A U A A P
G E J P K L A N C H A G
Q R G X A A D H A G W V
```

- ALBENTE
- BOUBA
- JAULA
- LANCHA
- NOVA
- NUCA
- SETE
- VESPA

## 159

```
T B L C N J B B O L D O
S M R E S C T H O O L D
K Q O E D G B R L D N E
A D M G M R U P E H I O
C A S A D O U R O L K N
Á D O W D I R P O Q A L
B R U A W P N Ã W Q W P
R J E G J Q Ç C Y N C O
E P P B E N O G D F D T
A G Z Y U E U X U S L E
```

APEADOURO  
BOLDO  
CÁBREA  
CASADOURO  
ODEON  
POTE  
TRELA  
UNÇÃO

## 160

```
A R V A T É R I A R E Z
N H L N Y K S I N U S G
T J W I Q G L F N P T I
E D S L P K P A Q A R X
G A I C C H F F M Y E T
O F G E W W X A U K S W
S E S L T W C G U Q S P
T V T I N A Q A V P E A
O E T J X M E R T C P C
C O N S T R U I U D D S
```

AFAGAR  
ANTEGOSTO  
CAMA  
CONSTRUIU  
DIETA  
ESTRESSE  
SINUS  
VATÉRIA

## 161

```
G F W F U C A C H H E B
P F H J O Y P E Y K X W
L F N U N D N O V E N A
M J U G Z A D B I C H A
D N V Y H N G M R H Q U
H Q X L J T M A D A U M
H P E T V T T D G E I U
Y B R A C E L E T E P A
A J Z K B C Y E O C X F
B E S T A L H Ã O W H O
```

ABELHA  BRACELETE
BESTALHÃO  HETEU
BETAR  MUAFO
BICHA  NOVENA

## 162

```
T F E Y Z N G A E B J I
P J V G F E Z S H A F A
G L P V A P O R Q C L A
F S U J R H M E O A E T
T L S D S A G Ü I N C E
J U F N Ú V I D O A H R
Y F N H R Y D E K B A R
X A P G A V E T E I R O
T B M P A K R M U C F F
T E P U F H H V T Q A S
```

ATERRO  SAGÜI
BACANA  TUNGA
FLECHA  ÚVIDO
GAVETEIRO  VAPOR

# RESPOSTAS

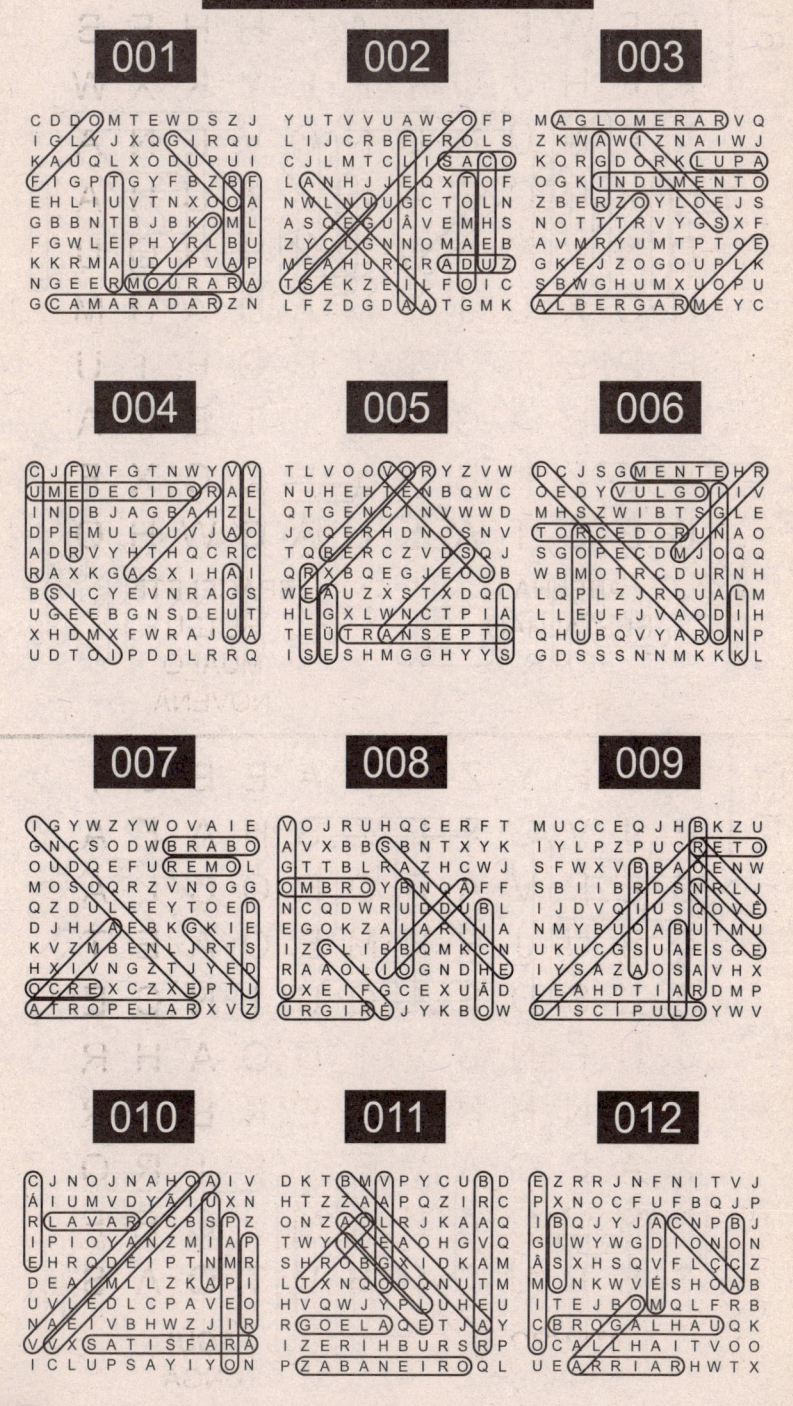

## 001

## 002

## 003

## 004

## 005

## 006

## 007

## 008

## 009

## 010

## 011

## 012

## 013

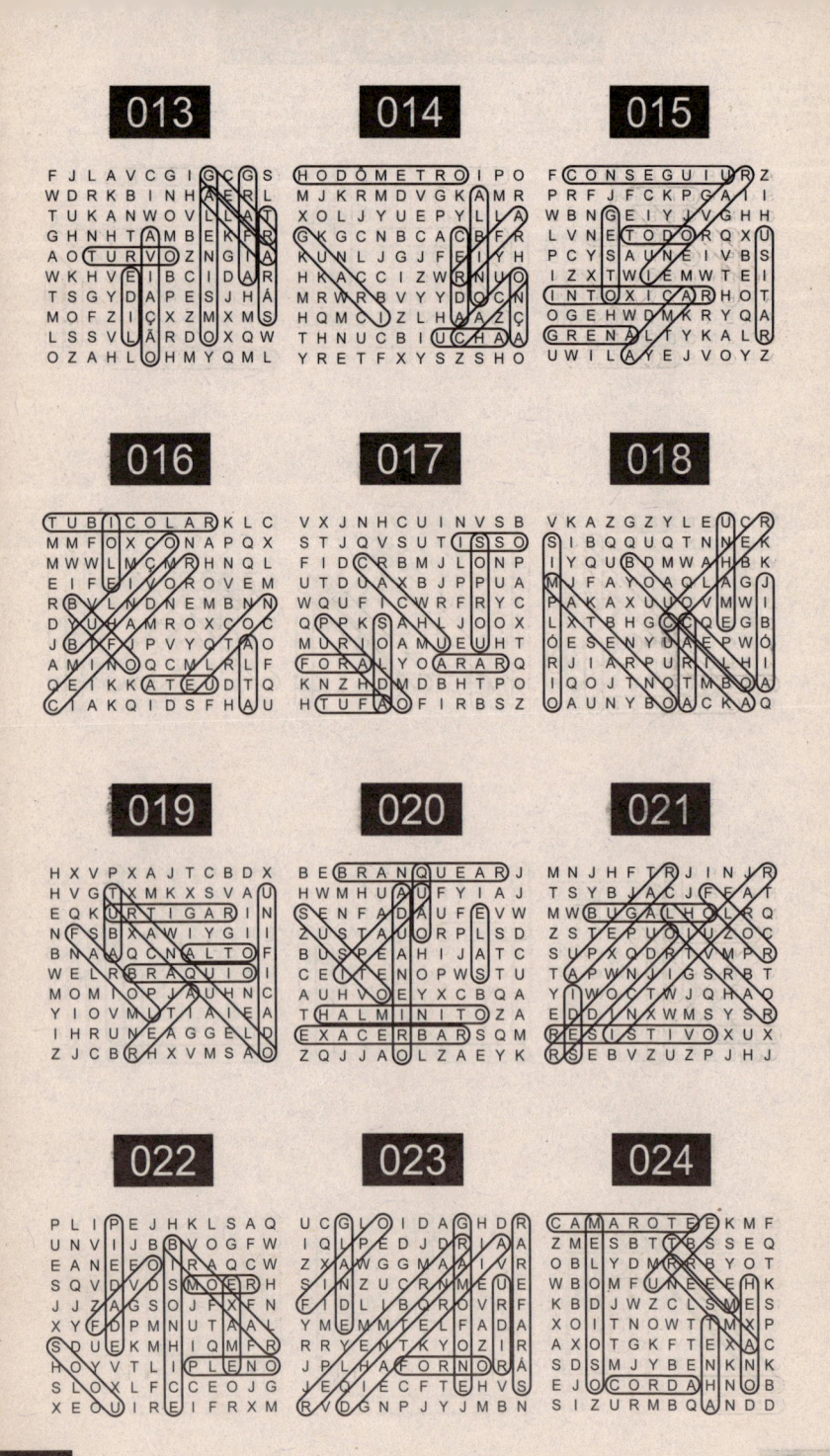

```
F J L A V C G I G C G S
W D R K B I N H A E R L
T U K A N W O V L L A T
G H N H T A M B E K F R
A O T U R V O Z N G I A
W K H V E I B C I D A R
T S G Y D A P E S J H A
M O F Z I Ç X Z M X M S
L S S V L A R D O X Q W
O Z A H L O H M Y Q M L
```

## 014

```
H O D Ô M E T R O I P O
M J K R M D V G K A M R
X O L J Y U E P Y L L A
G K G C N B C A C B F R
K U N L J G J F E I Y H
H K A C C I Z W R N U O
M R W R B V Y Y D O C N
H Q M C I Z L H A Z Ç
T H N U C B I U C H A A
Y R E T F X Y S Z S H O
```

## 015

```
F C O N S E G U I U R Z
P R F J F C K P G A I I
W B N G E I Y J V G H H
L V N E T O D O R Q X U
P C Y S A U N E I V B S
I Z X T W I E M W T E I
I N T O X I C A R H O T
O G E H W D M K R Y Q A
G R E N A L T Y K A L R
U W I L A Y E J V O Y Z
```

## 016

```
T U B I C O L A R K L C
M M F O X C O N A P Q X
M W W L M C M R H N Q L
E I F E I V O R O V E M
R B V L N D N E M B N N
D X U H A M R O X C O C
J B T F P V Y Q T A O
A M I N O Q C M L R L F
Q E I K K A T E U D T Q
C I A K Q I D S F H A U
```

## 017

```
V X J N H C U I N V S B
S T J Q V S U T I S S O
F I D C R B M J L O N P
U T D U A X B J P P U A
W Q U F I C W R F R Y C
Q P P K S A H L J O O X
M U R I O A M L Y E E T
F O R A I N Y O A R A R Q
K N Z H D M D B H T P O
H T U F A O F I R B S Z
```

## 018

```
V K A Z G Z Y L E U C R
S I B Q Q U Q T N N E K
I Y Q U B O W J A R B T
M F A Y O A C L A G J
P A K A X U U O V M W I
L X T B H G C O E G B
O E S E N Y U A E P W O
R J I A R P U R L H I
I Q O J T N O T M B O A
O A U N Y B O A C K A Q
```

## 019

```
H X V P X A J T C B D X
H V G T X M K X S V A U
E Q K U R T I G A R I N
N F S B X A W I Y G I I
B N A W Q C N A L T O F
W E L R B R A Q U I O I
M O M L O P J A U H N C
Y I O V M U T I A I F A
I H R U N E A G G E L D
Z J C B R H X V M S A O
```

## 020

```
B E B R A N Q U E A R J
H W M H U A U F Y I A J
S E N F A D A U F E V W
Z U S T A U O R P L S D
B U S P E A H I J A T C
C E L T E N O P W S T U
A U H V O E Y X C B Q A
T H A L M I N I T O Z A
E X A C E R B A R S Q M
Z Q J J A O L Z A E Y K
```

## 021

```
M N J H F T R J I N J R
T S Y B J A C J F E A T
M W B U G A L H O L R Q
Z S T E P U O I U Z O C
S U P X O D R T V M P R
T A P W N J I G S R B T
Y I W O C T W J Q H A O
E D D I N X W M S Y S R
R E S I S T I V O X U X
R S E B V Z U Z P J H J
```

## 022

```
P L I P E J H K L S A Q
U N V I J B B V O G F W
E A N E F O I R A Q C W
S Q V D V D S M O E R H
J J Z A G S O J F I X F N
X Y F D P M N U T A A L
S D U E K M H I Q M F R
H O Y V T L I P L E N O
S L O X L F C C E O J G
X E Q U I R E I F R X M
```

## 023

```
U C G L O I D A G H D R
I Q L P E D J D R I A A
Z X A W G G M A A I I V R
S I N Z U C R N M E U E
F I D L I B O R V R F L
Y M E M M T E L F A D A
R R Y E N T K Y O Z I R
J P L H A F O R N O R A
J E Q I E C F T E H V S
R V D G N P J Y J M B N
```

## 024

```
C A M A R O T E E K M F
Z M E S B T T S S E Q
O B L Y D M R R B Y O T
W B O M F U N E E H K
K B D J W Z C L S M E S
X O I T N O W T I M X P
A X O T G K F T E X A C
S D S M J Y B E N K N K
E J O C O R D A H N O B
S I Z U R M B Q A N D D
```

### 025

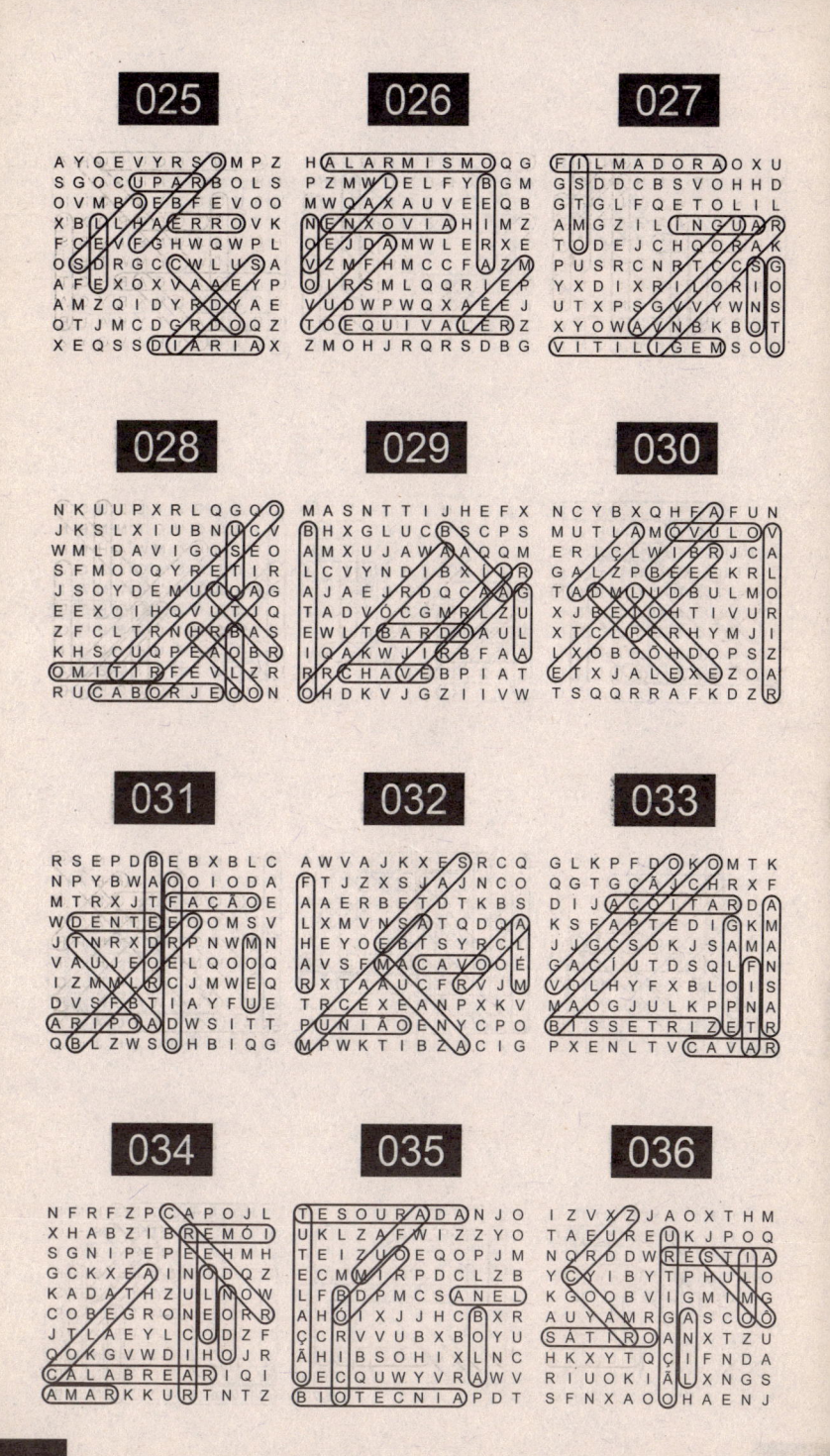

```
A Y O E V Y R S O M P Z
S G O C U P A R B O L S
O V M B O F B F E V O O
X B L L H A E R R O V K
F C E V F G H W Q W P L
O S D R G C W L U S A Z
A F E X O X V A A E Y P
A M Z Q I D Y R D Y A E
O T J M C D G R D O Q Z
X E Q S S O D I A R I A X
```

### 026

```
H A L A R M I S M O Q G
P Z M W L E L F Y B G M
M W Q A X A U V E E Q B
N E N X O V I A H I M Z
O E J D A M W L E R X E
V Z M F H M C C F A Z M
O J R S M L Q Q R I E P
V U D W P W Q X A E E J
T O E Q U I V A L E R Z
Z M O H J R Q R S D B G
```

### 027

```
F I L M A D O R A O X U
G S D D C B S V O H H D
G T G L F Q E T O L I L
A M G Z I L I N G U A R
T O D E J C H O O R A K
P U S R C N R T C C S Q
Y X D I X R I O R I O
U T X P S G V V Y W N S
X Y O W A V N B K B U T
V I T I L I G E M S O O
```

### 028

```
N K U U P X R L Q G O O
J K S L X I U B N U C V
W M L D A V I G O S E O
S F M O O Q Y R E T I R
J S O Y D E M U U O A G
E E X O I H Q V U T J Q
Z F C L T R P N R B A S
K H S C U Q P E A Q B R
O M I T I R F E V L Z R
R U C A B O R J E O O N
```

### 029

```
M A S N T T I J H E F X
B H X G L U C B S C P S
A M X U J A W A A Q Q M
L C V Y N D I B X I V P
A J A E J R D Q C A A G
T A D V O C G M R L Z U
E W I T B A R D O A U L
I O A K W J I R B F A A
R C H A V E B P I A T
O H D K V J G Z I I V W
```

### 030

```
N C Y B X Q H F A F U N
M U T L A M O V U L O V
E R I C L W I B R J C A
G A L Z P B E E E K R L
T A D M L N U D B U L M O
X J B E O O H T I V U R
X T C L P X R H Y M J I
L X O B O O H D O P S Z
E T X J A L E X E Z O A
T S Q Q R R A F K D Z R
```

### 031

```
R S E P D B E B X B L C
N P Y B W A O O I O D A
M T R X J T F A Ç Ã O E
W D E N T E O O M S V
J T N R X D R P N W M N
V A U F O E L Q O O Q
I Z M N L R C J M W E Q
D V S F B T I A Y F U E
A R I P O A D W S I T T
Q B L Z W S O H B I Q G
```

### 032

```
A W V A J K X E S R C Q
F T J Z X S J A J N C O
A A E R B E T D T K B S
L X M V N S A T Q D O A
H E Y O E B T S Y R P C L
A V S F M A C A V O O É
R X T A A U C F R Y F J M
T R C E X E A N P X K V
P U N I Ã O E N Y C P O
M P W K T I B Z A C I G
```

### 033

```
G L K P F D O K O M T K
Q G T G C A V C H R X F
D I J A C O I T A R D A
K S F A P T E D I G K M
J J G C S D K J S A M A
G A C I U T D S Q L N
V O L H Y F X B L O I S
M A O G J U L K P P N E
B I S S E T R I Z E T R
P X E N L T V C A V A R
```

### 034

```
N F R F Z P C A P O J L
X H A B Z I B R E M Ó I
S G N I P E P E E H M H
G C K X E A I N O D Q Z
K A D A T H Z U L M O W
C O B E G R O N E O R R
J T L A E Y L C O D Z F
O K G V W D I H O J R
C A L A B R E A R I Q I
A M A R K K U R T N Z L
```

### 035

```
T E S O U R A D A N J O
U K L Z A F W I Z Z Y O
T E I Z U O E Q O P J M
E C M W I R P D C L Z B
L F B D P M C S A N E L
A H O I X J J H C B X R
Ç C R V V U B X B O Y U
Ã H I B S O H I X L N C
O E C Q U W Y V R A W V
B I O T E C N I A P D T
```

### 036

```
I Z V X Z J A O X T H M
T A E U R E U K J P O Q
N O R D D W R E S T I A
Y C I B Y T P H U L O
K G O O B V I G M I M G
A U Y A M R G A S C O O
S A T I R O A N X T Z U
H K X Y T Q C I F N D A
R I U O K I Ã L X N G S
S F N X A O O H A E N J
```

## 037

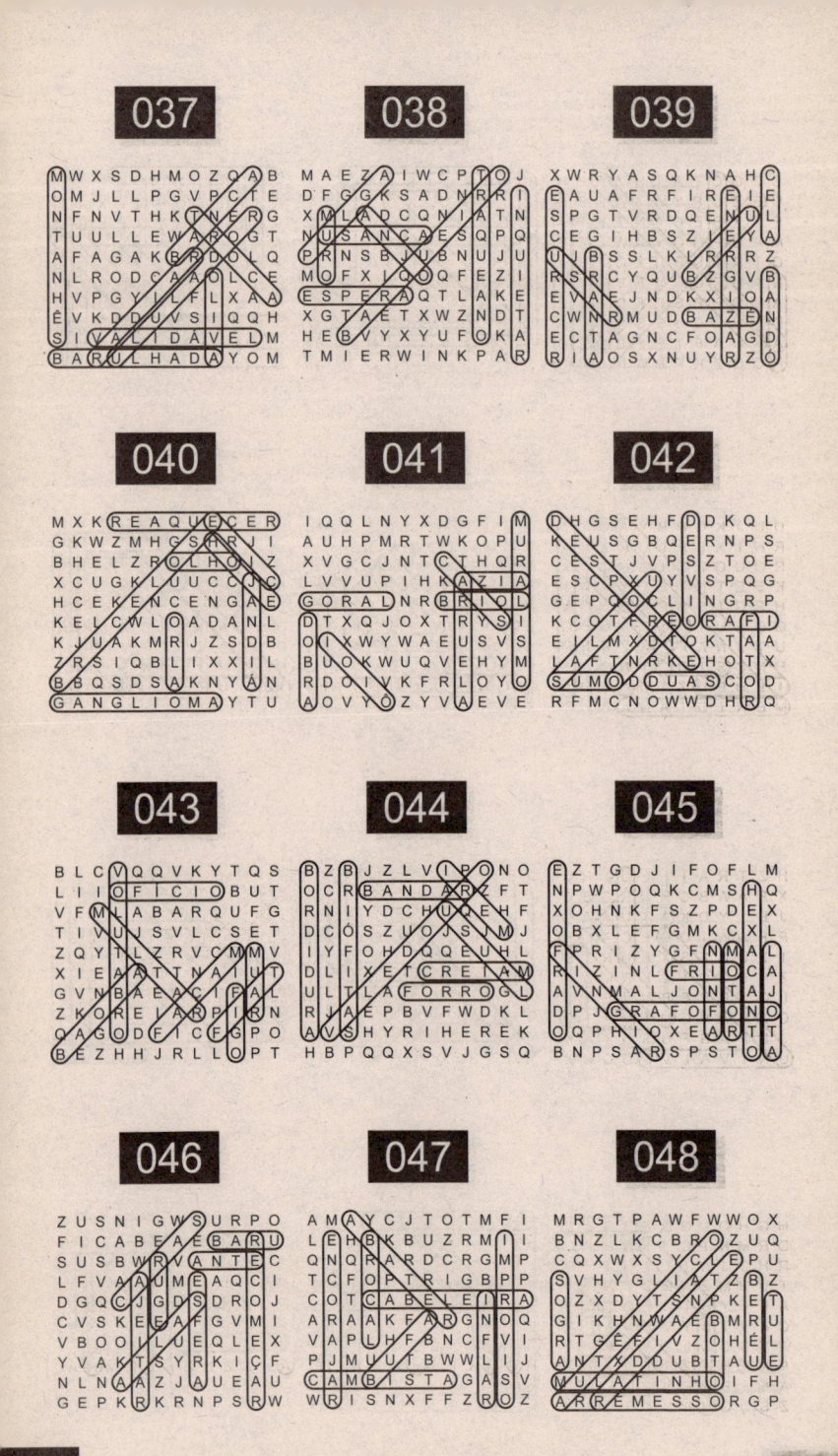

```
M W X S D H M O Z O A B
O M J L L P G V P C T E
N F N V T H K T N E R G
T U U L L E W A R O G T
A F A G A K B R D O L Q
A N L R O D C A A O L C E
H V P G Y I L F L X A A
Ê V K D D U V S I Q Q H
S I V A L I D Á V E L M
B A R U L H A D A Y O M
```

## 038

```
M A E Z A I W C P T O J
D F G G K S A D N R R I
X M L A D C Q N I A T N
N U S A N C A E S Q P Q
P R N S B J U B N U J U
M O F X I C Q F E Z I A
E S P E R A Q T L A K E
X G T A E T X W Z N D T
H E B V Y X Y U F O K A
T M I E R W I N K P A R
```

## 039

```
X W R Y A S Q K N A H C
E A U A F R F I R E I E
S P G T V R D Q E N U L
C E G I H B S Z I E Y A
U B S S L K I R X J B B
R S R C Y Q U B Z G V B
E V A E J N D K X I O A
C W N R M U D B A Z E N
E C T A G N C F O A G D
R I A O S X N U Y R Z O
```

## 040

```
M X K R E A Q U E C E R
G K W Z M H G S H R J I
B H E L Z R O L H O I Z
X C U G K J U U C C J C
H C E K E N C E N G A E
K E L C W L O A D A N L
K J U A K M R J Z S D B
Z R S I Q B L I X X I L
B Q S D S A K N Y A N
G A N G L I O M A Y T U
```

## 041

```
I Q Q L N Y X D G F I M
A U H P M R T W K O P U
X V G C J N T C T H Q R
L V V U P I H K A Z I A
G O R A L N R B R I O L
D T X Q J O X T R Y S I
O X Y W Y W A E U S V S
B U O K W U Q V E H Y M
R D O I V K F R L O Y O
A O V Y O Z Y V A E V E
```

## 042

```
D H G S E H F D D K Q L
K E U S G B Q E R N P S
C E S T J V P S Z T O E
E S C P X U Y V S P Q G
G E P O O C L I N G R P
K C O T F R E O R A F I
E I L M X D T O K T A A
L A F T N R K E H O T X
S U M O D D U A S C O D
R F M C N O W W D H R Q
```

## 043

```
B L C V Q Q V K Y T Q S
L I I O F I C I O B U T
V F M L A B A R Q U F G
T I V U J S V L C S E T
Z Q Y T L Z R V C M M V
X I E A S T T N A I U T
G V N B A E A C I F A L
Z K O R E I A R P I K N
Q A G O D F I C E G P O
B E Z H H J R L L O P T
```

## 044

```
B Z B J Z L V P O N O
O C R B A N D A R Z F T
R N I I Y D C H U Q E H F
D C Ó S Z U O J S M J
I Y F O H D Q Q E U H L
D L I X E T C R E A M
U L T L A F O R R O G L
R J A E P B V F W D K L
A V S H Y R I H E R E K
H B P Q Q X S V J G S Q
```

## 045

```
E Z T G D J I F O F L M
N P W P Q Q K C M S H Q
X O H N K F S Z P D E X
O B X L E F G M K C X L
F P R I Z Y G F N M A L
R I Z I N L F R I O C A
A V N M A L J O N T A J
D P J G R A F O F O N O
O Q P H I O X E A R T T
B N P S A R S P S T O A
```

## 046

```
Z U S N I G W S U R P O
F I C A B E A E B A R U
S U S B W R V A N T E C
L F V A A U M E A Q C I
D G Q C J G D S D R O J
C V S K E E A F G V M I
V B O O I L U E Q L E X
Y V A K T S Y R K I C F
N L N A A Z J A U E A U
G E P K R K R N P S R W
```

## 047

```
A M A Y C J T O T M F I
L E H B K B U Z R M I I
Q N Q R A R D C R G M P
T C F O P T R I G B P P
C O T C A B E L E I R A
A R A A K F A R G N O Q
V A P L H F B N C F V I
P J M U U T B W W L I J
C A M B I S T A G A S V
W R I S N X F F Z R O Z
```

## 048

```
M R G T P A W F W W O X
B N Z L K C B R O Z U Q
C Q X W X S Y C L E P U
S V H Y G L I A T Z B Z
O Z X D Y T S N P K E T
G I K H N W A E B M R U
R T G E F I V Z O H É L
A N T X D D U B T A U E
M U L A T I N H O I F H
A R R E M E S S O R G P
```

86

## 049

C Z G C T A I H X R H H
U E Z U P Y W I A E Z S
E Z X S B C A N T K P A
M A S P G O I D W L A P
Q T R I U B H X O F R A
N A U R O S J F V R T T
A M O B P S E F D O I E
D T E L C U E S L C Ç A
A R U A F T R F S O Ã D
R Q Q Z K P B W N E O O

## 050

C A B A L I S T A I I O
O C O W A G K O G D A A
S Y L B Q R C M R E E O
T C S T N Í A A P T G L
U R T P A D L O F Q Y Y
R V A C A A I X S O M J
A K J V N X J U Y U R E
D P E I E V H C C C K O
O N E G R I T U D E H F
T U L T I M A D O R O B

## 051

P W I B I T U R U E X V
W X R E A O P Q L X A E
V S C L I G T E Z S S R
A X A F K V W M E W A E
P K A A G O T C G C U A
B N V F L L I S O B T Ç
R T Q R L T Z R X O P Ã
R E A D A P T A R U I O
D J T E L M I O U A N N
Q R B H H C Z F A H L F

## 052

D U J K G P B Y A U Z T
R H I X L P L Ç R X C A
R O U O L E I B G Q D X
K S E T H T E F Y A W I
H S G T S S P K G U O N
G O E U I A I E W G H O
U T J N W F P K Z R N M
H N S S I D O T N O J I
I L H É U Z T U O L H A
M E R I D I A N A B L Q

## 053

P M Q Z D S Q J D U M K
R P H A S U G X Q G D E
S V L K A L R P W V B P
D Q H T Z U K O W B F X
M E E X E I N H J X A Y
E M D X B W A S L K Z M
N B H C R B E L Z A E P
P D O I A T L Z V Y T I
Q R Q F I A N D E I R O
Z V O M E N Q W Z I F R

## 054

Q C F I S S U R U C U V
J Y E C A C O G E N I A
O W H U R L R E U P N D
N F D G U A K F W F C M
L H H B L S T X J K O O
D N Q A D Y F C X J R N
Q Y U S N V J R N F R I
N G A M O G O N I A E Ç
I N J U R I A D O H T Ã
S E D Q V X C V H X O O

## 055

H Z T R A T F L U Y R U
X F A W B C H N R G S C
J B I Y D K A T U A A G
P F W W I O O E Ç A O R
I X U N F S X E U R T B
Z H B G O I J K R M B H
L Q X R R E B U J E T L
C X E W P G M T M A I S
J B F A B F U S U T A K
U N I V A L V E D Q C X

## 056

P B G S W Z G S B E L J
W P N X X W G O T X E C
V X C B O Z Ô N I O V O
A E V R O T A O E G A N
Y O V W G M F T M D R S
H B O R I B M U J O L O
M K A T J W A V E M F L
G P L W F W B L D K A O
K U K T Q S A N A P Ó S
V D O G B V I P V A R Y

## 057

J D F M Y A I M H E C F
R O S D H W O Q S V T N
J S T L D W T H Q W Z W
X O C A N C E L A D O B
P F M K P J G E E D T J
T Á I D F Q Z D G O D O
C A N D I D A T O T X E
Q Y O J H R H F R V G P
V M R D F I H A Q U I R
Q D V X X G U O M W U I

## 058

H G H O L G D X P N E U
D R M N T C L I W P I L
R H D J W I L J G J N M
T U H M Z Á B S Y W A K
A F E Y B T U F O Ç S H
C K V T S Y V X N A P A
W V B J O L F A X A I P
F U E H A Z R T O A R X
A F F B R E N G U L A R
Z S D G H E N Z S L R J

## 059

B O M B O N A Ç A F O U
G T P V Z Z G A C J L Z
K K S G O S T R V L C P
W J B O D O W M T A M C
I D I A B N F M F I E Q
E L T M T E I K D I V M
C E A A D E C N N B A E
H O M R Y V L W H A L F
V R M L F F S W U W A C
A R G A J F M L G W R A

## 060

O C K A S T U C I O S O
B J S Y J B L J P O E I
C B E E W H Q F E T A P
A Q T T Y P F N R G T I
F M Z U Z R N A Y O O B
U B E P I L U E Z D L J
C D K W Z S E L A E A K
A P K E N E P U R M R A
B N W W M M L W U Z K P
T T L C A A O F O R C N

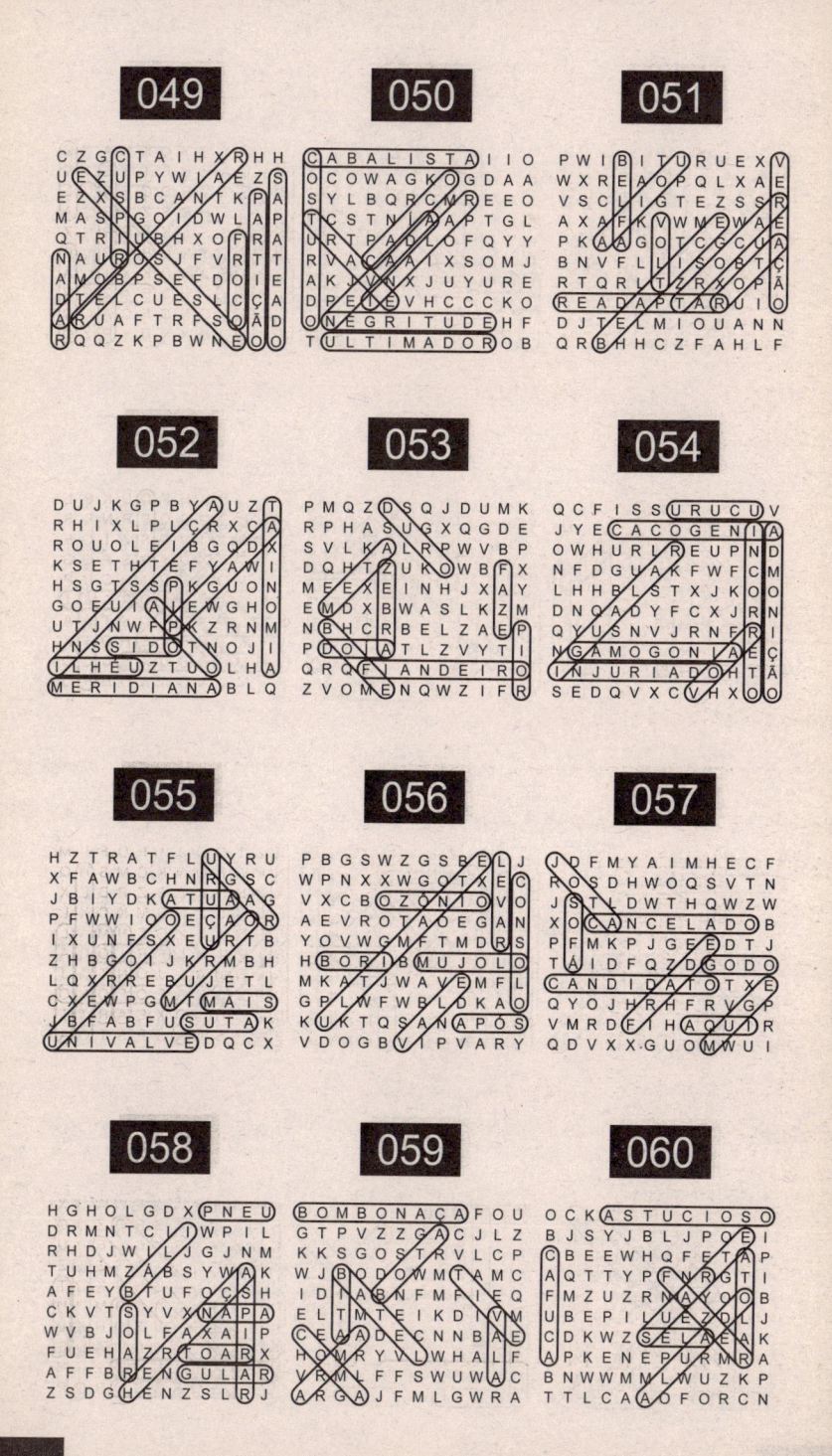

## 061

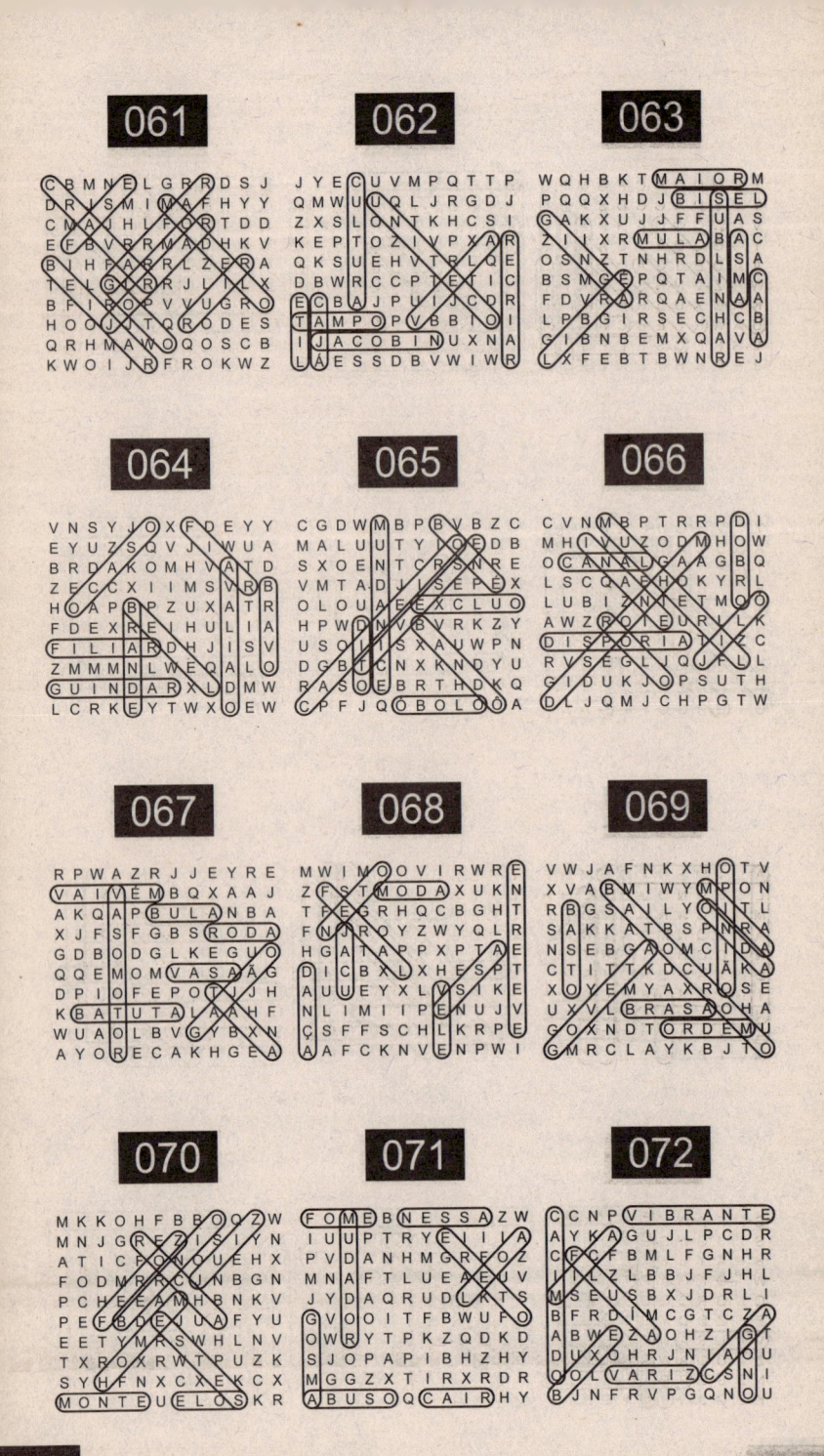

```
C B M N E L G R R D S J
D R J S M I M A F H Y Y
C M A I H L F O R T D D
E F B V B R M A D H K V
B I H F A B R L Z E R A
T E L G R R J I J K S
B F I R O P V V U G R O
H O O J X T O R O D E S
Q R H M A W O Q O S C B
K W O I J R F R O K W Z
```

## 062

```
J Y E C U V M P Q T T P
Q M W U U Q L J R G D J
Z X S L O N T K H C S I
K E P T O Z I V P X A R
Q K S U E H V T R L Q E
D B W R C C P T E T I C
E C B A J P U I J C D R
T A M P O P V B B I O I
I J A C O B I N U X N A
L A E S S D B V W I W R
```

## 063

```
W Q H B K T M A I O R M
P Q Q X H D J B I S E L
G A K X U J J F F U A S
Z I J X R M U L A B A C
O S N Z T N H R D L S A
B S M G E P U R A E M C
F D V R A R Q A E N A
L P B G I R S E C H C B
G I B N B E M X Q A V A
L X F E B T B W N R E J
```

## 064

```
V N S Y J O X F D E Y Y
E Y U Z S Q V J I W U A
B R D A K O M H V A T D
Z E C C X I I M S V R B
H O A P B P Z U X A T R
F D E X R E J H U L I A
F I L I A R D H J I S V
Z M M M N L W E Q A L O
G U I N D A R X L D M W
L C R K E Y T W X O E W
```

## 065

```
C G D W M B P B V B Z C
M A L U U T Y O E D B
S X O E N T C R S N R E
V M T A D J I S E P E X
O L O U A E E X C L U O
H P W D N V B V R K Z Y
U S O I S X A U W P N
D G B T C N X K N D Y U
R A S O E B R T H D K Q
C P F J Q O B O L O O A
```

## 066

```
C V N M B P T R R P D I
M H I V U Z O D M H O W
O C A N A L G A A G B Q
L S C O A H O K Y I T L
L U B I Z N K E T M O O
A W Z R O J E U R I L K
R V S E G L J Q J F L L
G I D U K J O P S U T H
D L J Q M J C H P G T W
```

## 067

```
R P W A Z R J J E Y R E
V A I V E M B Q X A A J
A K Q A P B U L A N B A
X J F S F G B S R O D A
G D B O D G L K E G U O
Q Q E M O M V A S A A G
D P I O F E P O T I J H
K B A T U T A L A H F
W U A O L B V G Y B X N
A Y O R E C A K H G E A
```

## 068

```
M W I M O O V I R W R E
Z F S T M O D A X U K N
T F E G R H Q C B G H T
F N J R O Y Z W Y Q L R
H G A T A P P X P T A E
D I C B A L X H E S P T
A U U E Y V L V S I K E
N L I M I I P E N U J V
C S F F S C H L K R P E
A A F C K N V E N P W I
```

## 069

```
V W J A F N K X H O T V
X V A B M I W Y M P O N
R B G S A I L Y O I T L
S A K K A T B S P N R A
N S E B G A O M C I D A
C T I T T K D C U A K A
X O Y E M Y A X R O S E
U X V L B R A S A O H A
G O X N D T O R D E M U
G M R C L A Y K B J T O
```

## 070

```
M K K O H F B B O O Z W
M N J G R E Z I S I Y N
A T I C F O N O U E H X
F O D M R C U N B G N
P C H E E A M H B N K V
P E F B D E X U A F Y U
E E T Y M R S W H L N V
T X R O X R W T P U Z K
S Y H F N X C X E K C X
M O N T E U E L O S K R
```

## 071

```
F O M E B N E S S A Z W
I U U P T R Y E I I A
P V D A N H M G R E O Z
M N A F T L U E A E U V
J Y D A Q R U D L R T S
G V O O I T F B W H O F
O W R Y T P K Z Q D K D
S J O P A P I B H Z H Y
M G G Z X T I R X R D R
A B U S O Q C A I R H Y
```

## 072

```
C C N P V I B R A N T E
A Y K A O J L L P C D R
C F C F B M L F G N H R
H L Z L B B J F J H L
M S E U S B X J D R L I
B F R D I M C G T C Z A
A B W E Z A O H Z J G T
D U X O H R J N I A O U
O L V A R I Z C S N I
B J N F R V P G Q N O U
```

## 073

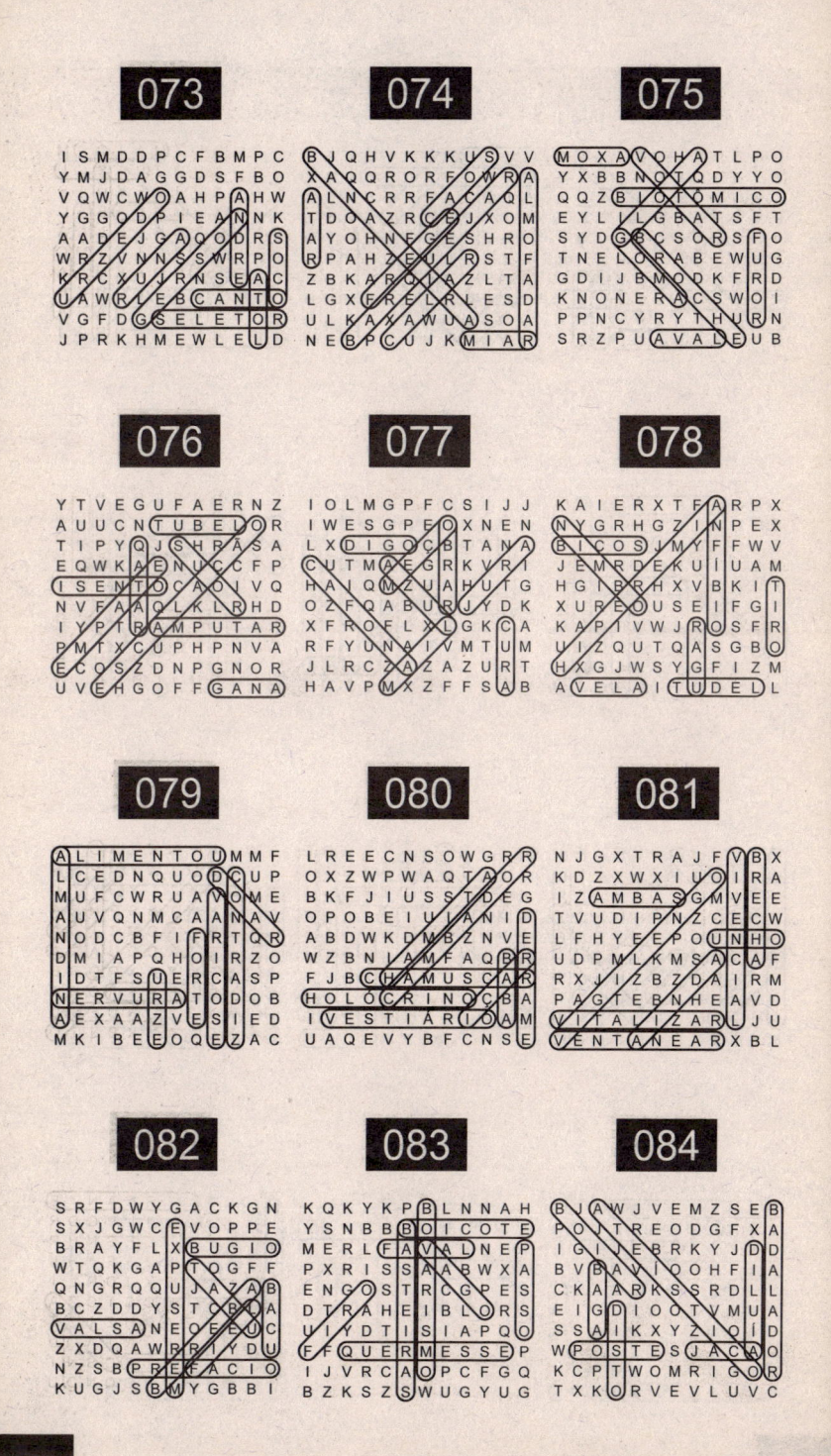

```
I S M D D P C F B M P C
Y M J D A G G D S F B O
V Q W C W O A H P A H W
Y G G O D P I E A N K
A A D E J G A C O D R S
W R Z V N N S S W R P O
K R C X U J R N S E A C
U A W R L E B C A N T O
V G F D G S E L E T O R
J P R K H M E W L E U D
```

## 074

```
B J Q H V K K K U S V V
X A Q Q R O R F O W R A
A L N C R R F A C A Q L
T D O A Z R C E J X O M
A Y O H N E G E S H R O
R P A H Z E U L R S T F
Z B K A R O I A Z L T A
L G X F R E L R L E S D
U L K A X A W U A S O A
N E B P C U J K M I A R
```

## 075

```
M O X A V O H A T L P O
Y X B B N O T Q D Y Y O
Q Q Z B I X T O M I C O
E Y L I L G B A T S F T
S Y D G B C S O R S F O
T N E L O R A B E W U G
G D I J B M O D K F R D
K N O N E R A C S W O I
P P N C Y R Y T H U R N
S R Z P U A V A L E U B
```

## 076

```
Y T V E G U F A E R N Z
A U U C N T U B E L O R
T I P Y Q J S H R A S A
E Q W K A E N U C C F P
I S E N T O C A O I V Q
N V F A A O L K L R H D
I Y P T R A M P U T A R
P M T X C U P H P N V A
E C O S Z D N P G N O R
U V E H G O F F G A N A
```

## 077

```
I O L M G P F C S I J J
I W E S G P E O X N E N
L X D I G O C B T A N A
C U T M A E G R K V R I
H A I Q M Z U A H U T G
O Z F Q A B U R J Y D K
X F R O F L X L G K C A
R F Y U N A I V M T U M
J L R C Z A Z A Z U R T
H A V P M X Z F F S A B
```

## 078

```
K A I E R X T E A R P X
N Y G R H G Z I N P E X
B I C O S I M Y F F W V
J E M R D E K U I U A M
H G I B R H X W M B K I T
X U R E O U S E I F G I
K A P I V W J R O S F R
U I Z Q U T Q A S G B O
H X E L J W S Y G F I Z M
A V E L A I T U D E L L
```

## 079

```
A L I M E N T O U M M F
L C E D N Q U O C U P
M U F C W R U A V O M E
A U V Q N V A A A N V E
N O D C B F I F R T Q R
D M I A P Q H O I R Z O
I D T F S U E R C A S P
N E R V U R A T O D O B
A E X A A Z V E S I E D
M K I B E E O Q E Z A C
```

## 080

```
L R E E C N S O W G R R
O X Z W P W A Q T A O R
B K F J I U S S T D E G
O P O B E I U I A N I D
A B D W K D M B Z N V E
W Z B N I A M F A Q B R
F J B C H A M U S C A R
H O L O C R I N O C B A
I V E S T I A R I O A M
U A Q E V Y B F C N S E
```

## 081

```
N J G X T R A J F V B X
K D Z X W X I U O I R A
I Z A M B A S G M V E E
T V U D I P N Z C E C
L F H Y E P O U N H O
U D P M L K M S A C A F
R X J I Z B Z D A I R M
P A G T E B N H E A V D
V I T A L I Z A R L J U
V E N T A N E A R X B L
```

## 082

```
S R F D W Y G A C K G N
S X J G W C E V O P P E
B R A Y F L X B U G I O
W T Q K G A P T O G F F
Q N G R Q Q U J A Z A B
B C Z D D Y S T C X A A
V A L S A N E C E U C
Z X D Q A W R A Y D U
N Z S B P R E F A C I O
K U G J S B M Y G B B I
```

## 083

```
K Q K Y K P B L N N A H
Y S N B B B O I C O T E
M E R L F A V A L N E P
P X R I S S A A B W X A
E N G O S T R C G P E S
D T R A H E I B L O R S
U I Y D T I S I A P Q O
F F Q U E R M E S S E P
I J V R C A O P C F G Q
B Z K S Z S W U G Y U G
```

## 084

```
B J A W J V E M Z S E B
P O I T R E O D G F X A
I G I L E B R K Y J D D
B V B A V I Q O H F I A
C K A A R K S S R D L L
E I G D I O C T V M U A
S S A I K X Y Z O I O
W P O S T E S J A C A
K C P T W O M R I G O R
T X K O R V E V L U V C
```

89

## 085

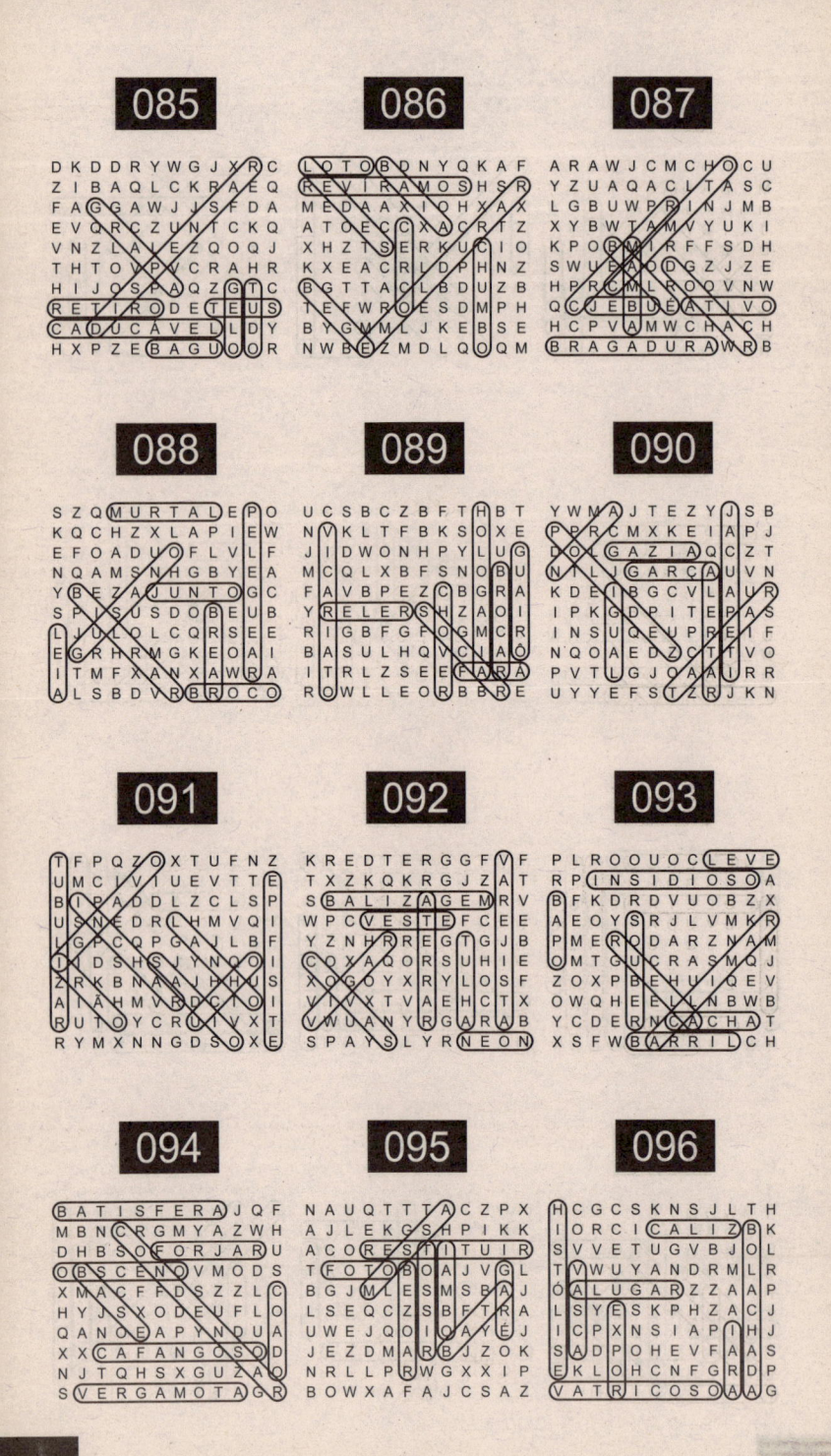

```
D K D D R Y W G J X R C
Z I B A Q L C K R A E Q
F A G G A W J J S F D A
E V Q R C Z U N T C K Q
V N Z L A V E Z Q O Q J
T H T O V P V C R A H R
H I J O S P A Q Z G T C
R E T I R O D E T E U S
C A D U C A V E L L D Y
H X P Z E B A G U O O R
```

## 086

```
L O T O B D N Y Q K A F
R E V I R A M O S H S R
M E D A A X I O H X A X
A T O E C C X A C R T Z
X H Z T S E R K U C I O
K X E A C R L D P H N Z
B G T T A C L B D U P B
T E F W R O E S D M P H
B Y G M M L J K E B S E
N W B E Z M D L Q O Q M
```

## 087

```
A R A W J C M C H O C U
Y Z U A Q A C L T A S C
L G B U W P R I N J M B
X Y B W T A M V Y U K I
K P O B M I R F F S D H
S W U E X O D G Z J Z E
H P R C M L R O O V N W
Q C J E B U E A T I V O
H C P V A M W C H A C H
B R A G A D U R A W R B
```

## 088

```
S Z Q M U R T A L E P O
K Q C H Z X L A P I E W
E F O A D U O F L V L F
N Q A M S N H G B Y E A
Y B E Z A Q U N T O G C
S P I S U S D O B E U B
L J U L O L C Q R S E E
E G R H R M G K E O A I
I T M F X A N X A W R A
A L S B D V R B R O C O
```

## 089

```
U C S B C Z B F T H B T
N V K L T F B K S O X E
J I D W O N H P Y L U G
M C Q L X B F S N O B U
F A V R B P Z C B G R A
Y R E L E R S H Z A O I
R I G B F G F O G M C N
B A S U L H Q V C N A O
I T R L Z S E E F A R A
R O W L L E O R B B R E
```

## 090

```
Y W M A J T E Z Y J S B
P R C M X K E I A P J
D O L G A Z I A Q C Z T
N T L J G A R C A U V N
K D E I B G C V L A U R
I P K G D P I T E P A S
I N S U Q E U P R E I F
N Q O A E D Z C T I V O
P V T U G J O A X I R R
U Y Y E F S T Z R J K N
```

## 091

```
T F P Q Z O X T U F N Z
U M C I V I U E V T T E
B I P A D D L Z C L S P
U S N E D R L H M V Q I
I G P C O P G A J L B F
I D S H S J Y N Q O I
Z R K B N A A J H H U S
A I A H M V R D C O I V
R U T O Y C R U I V X T
R Y M X N N G D S O X E
```

## 092

```
K R E D T E R G G F V F
T X Z K Q K R G J Z A T
S B A L I Z A G E M R V
W P C V E S T E F C E E
Y Z N H R R E G T G J B
C O X A Q O R S U H I E
X O G O Y X R Y L O S F
V I V X T V A E H C T X
V W U A N Y R G A R A B
S P A Y S L Y R N E O N
```

## 093

```
P L R O O U O C L E V E
R P I N S I D I O S O A
B F K D R D V U O B Z X
A E O Y S R J L V M K R
P M E R O D A R Z N A M
O M T G U C R A S M Q J
Z O X P B E H U I Q E V
O W Q H E L L N B W B
Y C D E R N C A C H A T
X S F W B A R R I L C H
```

## 094

```
B A T I S F E R A J Q F
M B N C R G M Y A Z W H
D H B S O F O R J A R U
O B S C E N O V M O D S
X M A C F F D S Z Z L C
H Y J S X O D E U F L O
Q A N O E A P Y N D U A
X X C A F A N G O S O D
N J T Q H S X G U Z A O
S V E R G A M O T A G R
```

## 095

```
N A U Q T T T A C Z P X
A J L E K G S H P I K K
A C O R E S T I T U I R
T F O T O B O A J V G L
B G J M L E S M S B A J
L S E Q C Z S B F T R A
U W E J Q O I Q A Y E J
J E Z D M A R B J Z O K
N R L L P R W G X X I P
B O W X A F A J C S A Z
```

## 096

```
H C G C S K N S J L T H
I O R C I C A L I Z B K
S V V E T U G V B J O L
T V W U Y A N D R M L R
A E O A L U G A R Z Z A A P
L S Y E S K P H Z A C J
I C P X N S I A P I H J
S A D P O H E V F A A S
E K L O H C N F G R D P
V A T R I C O S O A A G
```

## 097

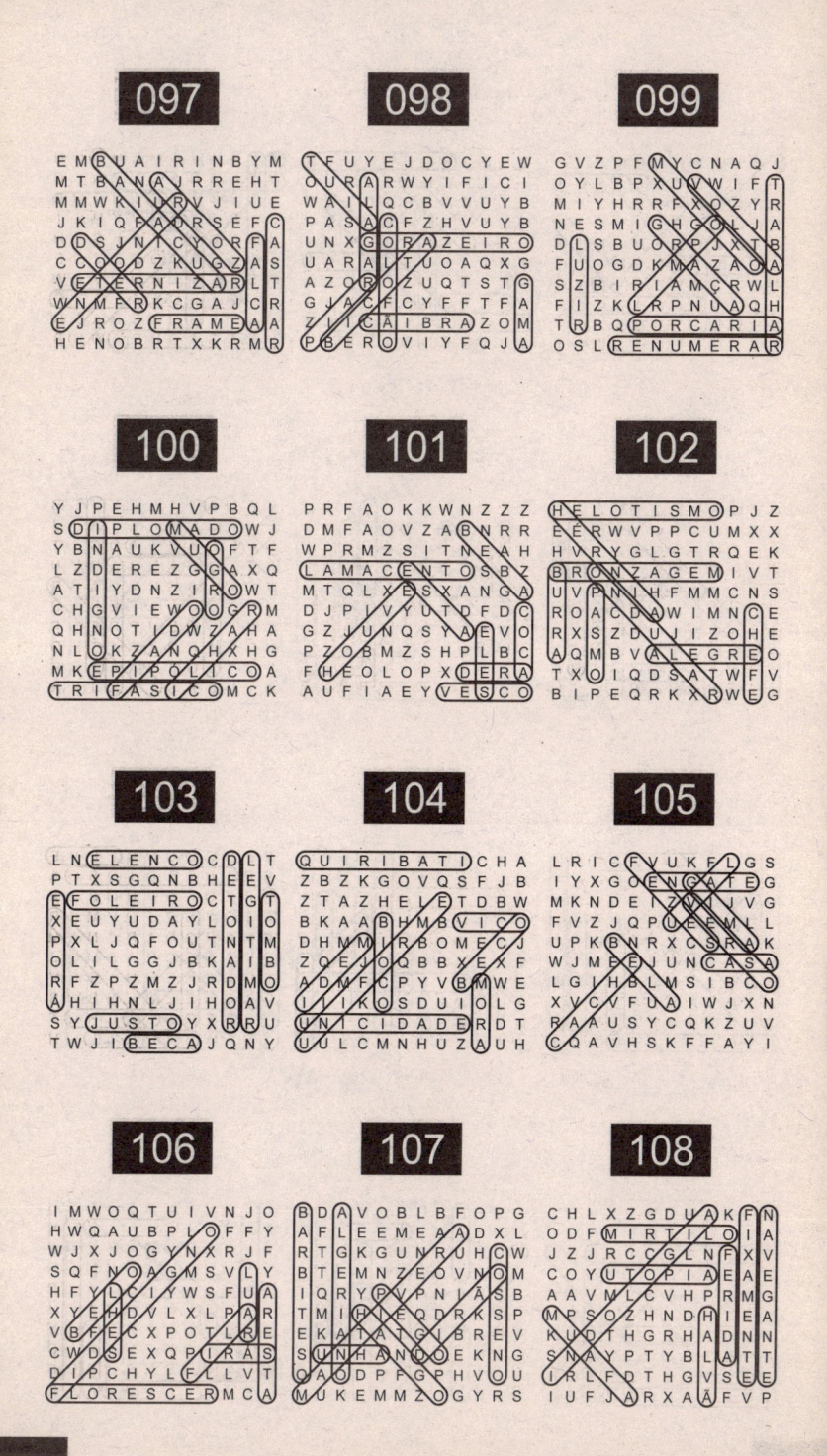

```
E M B U A I R I N B Y M
M T B A N A J R R E H T
M M W K U R V J I U E F
J K I Q F A O R S E F C
D O S J N I C Y O R F A
C C O O D Z K U G Z A S
V E T E R N I Z A R L T
W N M F R K C G A J C R
E J R O Z F R A M E A A
H E N O B R T X K R M R
```

## 098

```
T F U Y E J D O C Y E W
O U R A R W Y I F I C I
W A I L Q C B V V U Y B
P A S A C F Z H V U Y B
U N X G O R A Z E I R O
U A R A L T U O A Q X G
A Z O R O Z U Q T S T G
G J A C F C Y F F T F A
Z I C A I B R A Z O M
P B E R O V I Y F Q J A
```

## 099

```
G V Z P F M Y C N A Q J
O Y L B P X U V W I F T
M I Y H R R F O Z Y R
N E S M I G H O L I B
D L S B U O R J X T B
F U O G D K M A Z A O A
S Z B I R I A M C R W L
F I Z K L R P N U A Q H
T R B Q P O R C A R I A
O S L R E N U M E R A R
```

## 100

```
Y J P E H M H V P B Q L
S D I P L O M A D O W J
Y B N A U K V U O F T F
L Z D E R E Z G G A X Q
A T I Y D N Z I R O W T
C H G V I E W O O G R M
Q H N O T I D W Z A H A
N L O K Z A N C H X H G
M K E P I P O L I C O A
T R I F A S I C O M C K
```

## 101

```
P R F A O K K W N Z Z Z
D M F A O V Z A B N R R
W P R M Z S I T N E A H
L A M A C E N T O S B Z
M T Q L X E S X A N G A
D J P I V Y U T D F D C
G Z J U N Q S Y A E V O
P Z O B M Z S H P L B C
F H E O L O P D E R A
A U F I A E Y V E S C O
```

## 102

```
H E L O T I S M O P J Z
E E R W P P C U M X
H V R Y G L G T R Q E K
B R O N Z A G E M I V T
U V P N I H F M M C N S
R O A C D A W I M O H E
R X S Z D U J I Z O H
A Q M B V A L E G R E O
T X O I Q D S A T W F V
B I P E Q R K X R W E G
```

## 103

```
L N E L E N C O D L T
P T X S G Q N B H E E V
E F O L E I R O C T G T
X E U Y U D A Y L O I O
P X L J Q F O U T N T M
O L I L G G J B K A I B
R F Z P Z M Z J R D M O
A H I H N L J I H O A V
S Y J U S T O Y X R U
T W J I B E C A J Q N Y
```

## 104

```
Q U I R I B A T I C H A
Z B Z K G O V Q S F J B
Z T A Z H E L E T D B W
B K A A B H M B V I C O
D H M M I R B O M E C J
Z G E J O Q B B X E F
A D M F C P Y V B M W E
I I K O S D U I O L G
U N I C I D A D E R D T
U U L C M N H U Z A U H
```

## 105

```
L R I C F V U K F L G S
I Y X G O E N C A T E G
M K N D E Z V L J V G
F V Z J Q P U E E M L
U P K B N R X C S R A K
W J M F E J U N C A S A
L G I H B L M S I B C O
X V C V F U A I W J X N
R A A U S Y C Q K Z U V
C Q A V H S K F F A Y I
```

## 106

```
I M W O Q T U I V N J O
H W Q A U B P L O F F Y
W J X J O G Y N X R J F
S Q F N O A G M S V L Y
H F Y L C I Y W S F U A
X Y E H D V L X L P A R
V B F E C X P O T L R E
C W D S E X Q P I R A S
D I P C H Y L F L L V T
F L O R E S C E R M C A
```

## 107

```
B D A V O B L B F O P G
A F L E E M E A A D X L
R T E K G U N R U H C W
B T E M Z N Z E O V N M
I Q R Y P V P N J A S B
T M I I K E Q D R K S P
E K A T A T G I B R E V
I S U N H A N O O E K N
O A O D P F G P H V O U
M U K E M M Z O G Y R S
```

## 108

```
C H L X Z G D U A K F N
O D F M I R T I L O I A
J Z X C C Z C G L N F X
C O Y U T O P I A E A E
A A V L A C V H P R M G
M P S O Z H N D H I E A
K U D T H G R H A D A N
S N A Y P T Y B L A T E
I R L F D T H G V S E E
I U F J A R X A A F V P
```

## 109

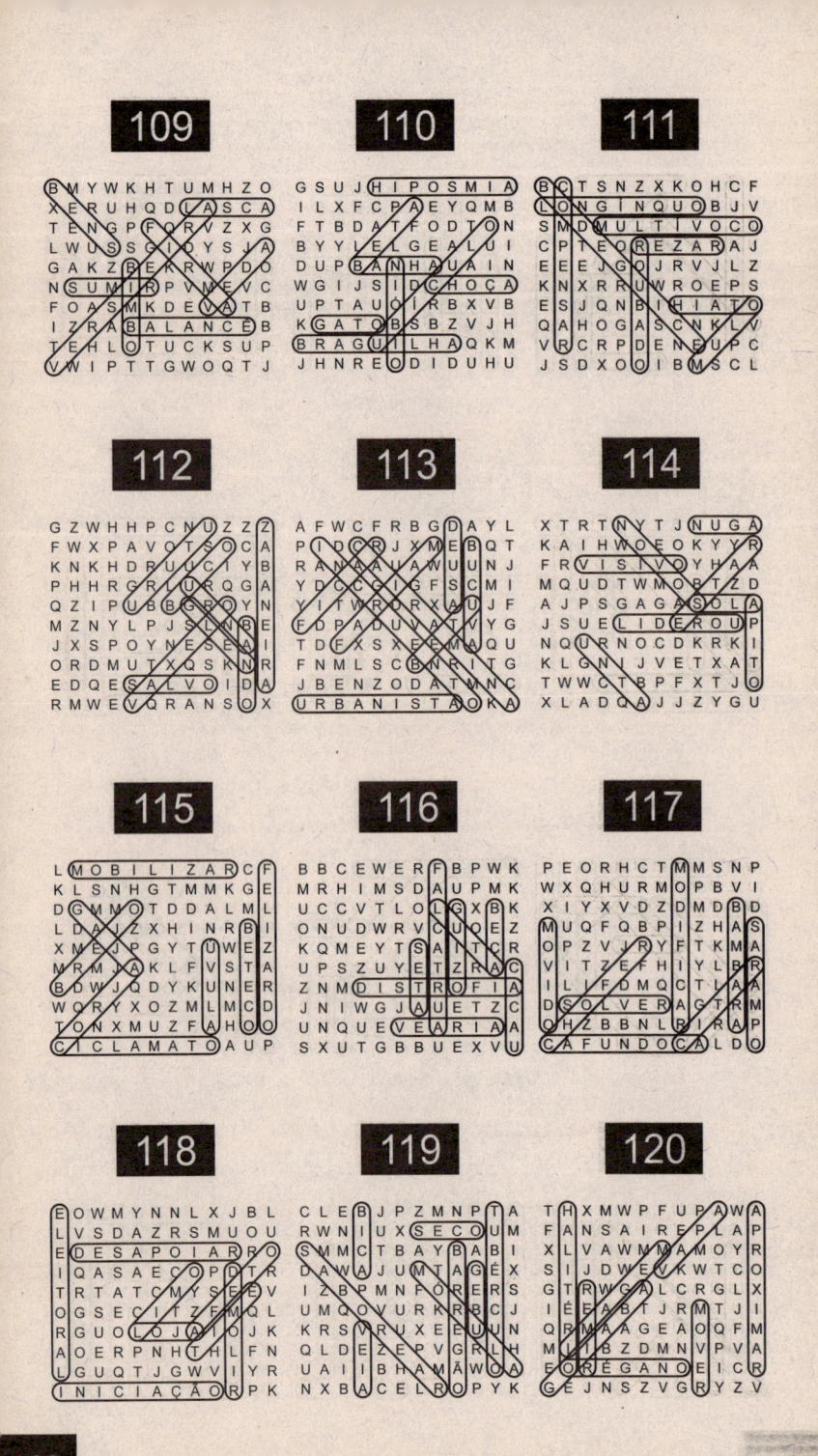

```
B M Y W K H T U M H Z O
X E R U H Q D L A S C A
T E N G P F Q R V Z X G
L W U S S C I O Y S J A
G A K Z B E K R W P D O
N S U M I R P V M E V C
F O A S M K D E V A T B
I Z R A B A L A N C E B
T E H L O T U C K S U P
V W I P T T G W O Q T J
```

## 110

```
G S U J H I P O S M I A
I L X F C P A E Y Q M B
F T B D A T F O D T O N
B Y Y L E L G E A L U I
D U P B A N H A U A I N
W G I J S I D C H O C A
U P T A U C I R B X V B
K G A T O B S B Z V J H
B R A G U I L H A Q K M
J H N R E O D I D U H U
```

## 111

```
B C T S N Z X K O H C F
L O N G I N Q U O B J V
S M D M U L T I V O C O
C P T E O R E Z A R A J
E E E J G O J R V J L Z
K N X R R U W R O E P S
E S J Q N B H I A T O
Q A H O G A S C N K L V
V R C R P D E N E U P C
J S D X O O I B M S C L
```

## 112

```
G Z W H H P C N U Z Z J
F W X P A V O T S O C A
K N K H D R U U C I Y B
P H H R G R I U R Q G A
Q Z I P U B B G R O Y N
M Z N Y L P J S L N B E
J X S P O Y N E S E A I
O R D M U T X Q S K N R
E D Q E S A L V O I D A
R M W E V Q R A N S O X
```

## 113

```
A F W C F R B G D A Y L
P I D C P R J X M E B Q T
R A X A L A W U U N J
Y D C C G I F S C M I
J Y I T V R O R X A U J F
F D P A D U V A T V Y C
T D F X S X E E M A Q U
F N M L S C B N R I T G
J B E N Z O D A T W N C
U R B A N I S T A O K A
```

## 114

```
X T R T N Y T J N U G A
K A I H W O E O K Y Y R
F R V I S I V O Y H A A
M Q U D T W M O R T Z D
A J P S G A G A S O L A
J S U E L I D E R O U P
N Q U R N O C R P K I
K L G N I J V E T X A T
T W W C T B P F X T J O
X L A D Q A J J Z Y G U
```

## 115

```
L M O B I L I Z A R C F
K L S N H G T M M K G E
D G M M O T D D A L M L
L D A I Z X H I N R B I
X M E X P G Y T U W E J
M R M X A K L F V S T A
B D W J Q D Y K U N E R
W O R Y X O Z M L M C D
T O N X M U Z F A H O O
C I C L A M A T O A U P
```

## 116

```
B B C E W E R F B P W K
M R H I M S D A U P M K
U C C V T L O G X B K
O N U D W R V C U O E Z
K Q M E Y T S A I T C R
U P S Z U Y E T Z R A C
Z N M D I S T R O F I A
J N I W G J A U E T Z C
U N Q U E V E A R I A B
S X U T G B B U E X V U
```

## 117

```
P E O R H C T M M S N P
W X Q H U R M O P B V I
X I Y X V D Z D M D B D
M U Q F Q B P I Z H A S
O P Z V J R Y F T K M A
V I T Z E F H I Y L B R
I L I F D M Q C T L A A
D S O L V E R A G T R M
O H Z B B N L R I R A P
C A F U N D O C A L D O
```

## 118

```
E O W M Y N N L X J B L
L V S D A Z R S M U O U
D E S A P O I A R B
I Q A S A E C O P D T R
T R T A T C M Y S E E V
O G S E C I T Z E M Q L
R G U O L O J A I O A
A O E R P N H T H L F N
L G U Q T J G W V I Y R
I N I C I A C A O R P K
```

## 119

```
C L E B J P Z M N P T A
R W N I U X S E C O U M
S M M C T B A Y B A B I
D A W A J U M T A G E X
I Z B P M N F O R E R S
U M Q O V U R K R C J
K R S V R U X E E U N
Q L D E Z E P V G R L H
U A I I B H A M A W O A
N X B A C E L R O P Y K
```

## 120

```
T H X M W P F U P A W A
F A N S A I R E P L A P
X L V A W M A M O Y R
S I J D W E V K W T C O
G T R W G A L C R G L X
I E E A B T J R M T J I
Q R M A A G A A O Q F M
M L I B Z D M N V P V A
E O R E G A N O E I C R
G E J N S Z V G R Y Z V
```

92

## 121

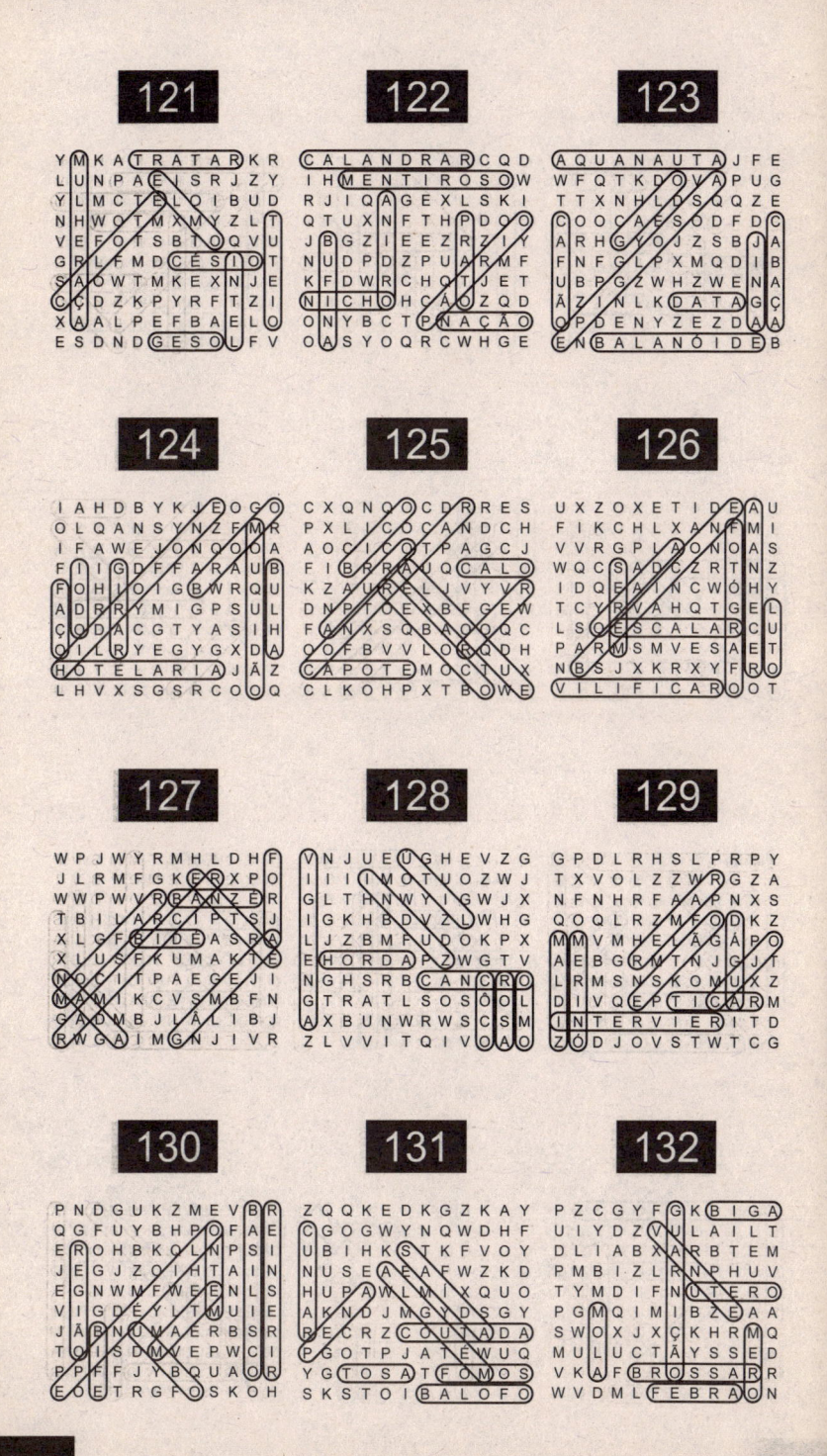

```
Y M K A T R A T A R K R
L U N P A E I S R J Z Y
Y L M C T E L Q I B U D
N H W O T M X M Y Z L T
V E F O T S B T Q V U
G R L F M D C E S I O T
S A O W T M K E X N J E
C C D Z K P Y R F T Z I
X A A L P E F B A E L O
E S D N D G E S O L F V
```

## 122

```
C A L A N D R A R C Q D
I H M E N T I R O S O W
R J I Q A G E X L S K I
Q T U X N F T H P D O O
J B G Z I E E Z R Z I Y
N U D P D Z P U A R M F
K F D W R C H C T J E T
N I C H O H C Ã O Z Q D
O N Y B C T P N A Ç Ã O
O A S Y O Q R C W H G E
```

## 123

```
A Q U A N A U T A J F E
W F Q T K D O V A P U G
T T X N H L D S Q Q Z E
C O O C A E S O D F D C
A R H G Y O J Z S B J A
F N F G L P X M Q D I B
U B P G Z W H Z W E N A
Ã Z I N L K D A T A G Ç
O P D E N Y Z E Z D A A
E N B A L A N Ó I D E B
```

## 124

```
I A H D B Y K J E O G O
O L Q A N S Y N Z F M R
I F A W E J O N O O D A
F I I G D F F A R Á U B
F O H I O I G B W R Q U
A D R R Y M K P P S U L
Ç O D A C G T Y A S I H
O I L R Y E G Y G X D A
H O T E L A R I A J Á Z
L H V X S G S R C O O Q
```

## 125

```
C X Q N O O C D R R E S
P X L I C O C A N D C H
A O C I C O T P A G C J
F I B R R A U Q C A L O
K Z A U R E L I V Y V R
D N P T O E X B F G E W
F A N X S Q B A O O Q C
O O F B V V L O R Q D H
C A P O T E M O C T U X
C L K O H P X T B O W E
```

## 126

```
U X Z O X E T I D E A U
F I K C H L X A N F M I
V V R G P L A O N O A Z
W Q C S A D C Z R T N Z
I D Q E A I N C W O H Y
T C Y R V A H Q T G E L
L S O E S C A L A R C U
P A R M S M V E S A E T
N B S J X K R X Y F R O
V I L I F I C A R O O T
```

## 127

```
W P J W Y R M H L D H F
J L R M F G K E R X P O
W W P W V R B A N Z E R
T B I L A R C I P T S J
X L G F R I D E A S R K
X L U S F K U M A K T E
N O C I T P A E G E J I
M A X M I K C V S M B F N
G A D M B J L Á L I B J
R W G A I M G N J I V R
```

## 128

```
V N J U E U G H E V Z G
I I I T M O T U O Z W J
G L T H N W Y I G W J X
I G K H B D V Z L W H C
L J Z B M F U D O K P X
E H O R D A P Z W G T V
N G H S R B C A N C R O
G T R A T L S O S O O L
A X B U N W R W S C S M
Z L V V I T Q I V O A O
```

## 129

```
G P D L R H S L P R P Y
T X V O L Z Z W R G Z A
N F N H R F A A P N X S
Q O Q L R Z M F O D K Z
M M V M H E L Á G A B D
A E B G R M T N J G J T
L R M S N S K O M U X Z
D I V Q E P T I C A R M
I N T E R V I E R I T D
Z O D J O V S T W T C G
```

## 130

```
P N D G U K Z M E V B R
Q G F U Y B H P O F A E
E R O H B K O L N P S I
J E G J Z Q I H T A I N
E G N W M F W E E N L S
V I G D E Y L T M U I E
J Á R N U M A E R B S R
T O I S D M V E P W C I
P P F J Y B Q U A O R
E O E T R G F O S K O H
```

## 131

```
Z Q Q K E D K G Z K A Y
C G O G W Y N Q W D H F
U B I H K S T K F V O Y
N U S E A E A F W Z K D
H U P A W L M I X Q U O
A K N D J M G Y D S G Y
R E C R Z C O U T A D A
P G O T P A T Ê W U Q
Y G T O S A T F O M O S
S K S T O I B A L O F O
```

## 132

```
P Z C G Y F G K B I G A
U I Y D Z V U L A I L T
D L I A B X A R B T E M
P M B I Z L R N P H U V
T Y M D I F N U T E R O
P G M Q I M I B Z E A A
S W O X J X C K H R M Q
M U L U C T Ã Y S S E Z
V K A F B R O S S A R
W V D M L F E B R A O N
```

93

## 133

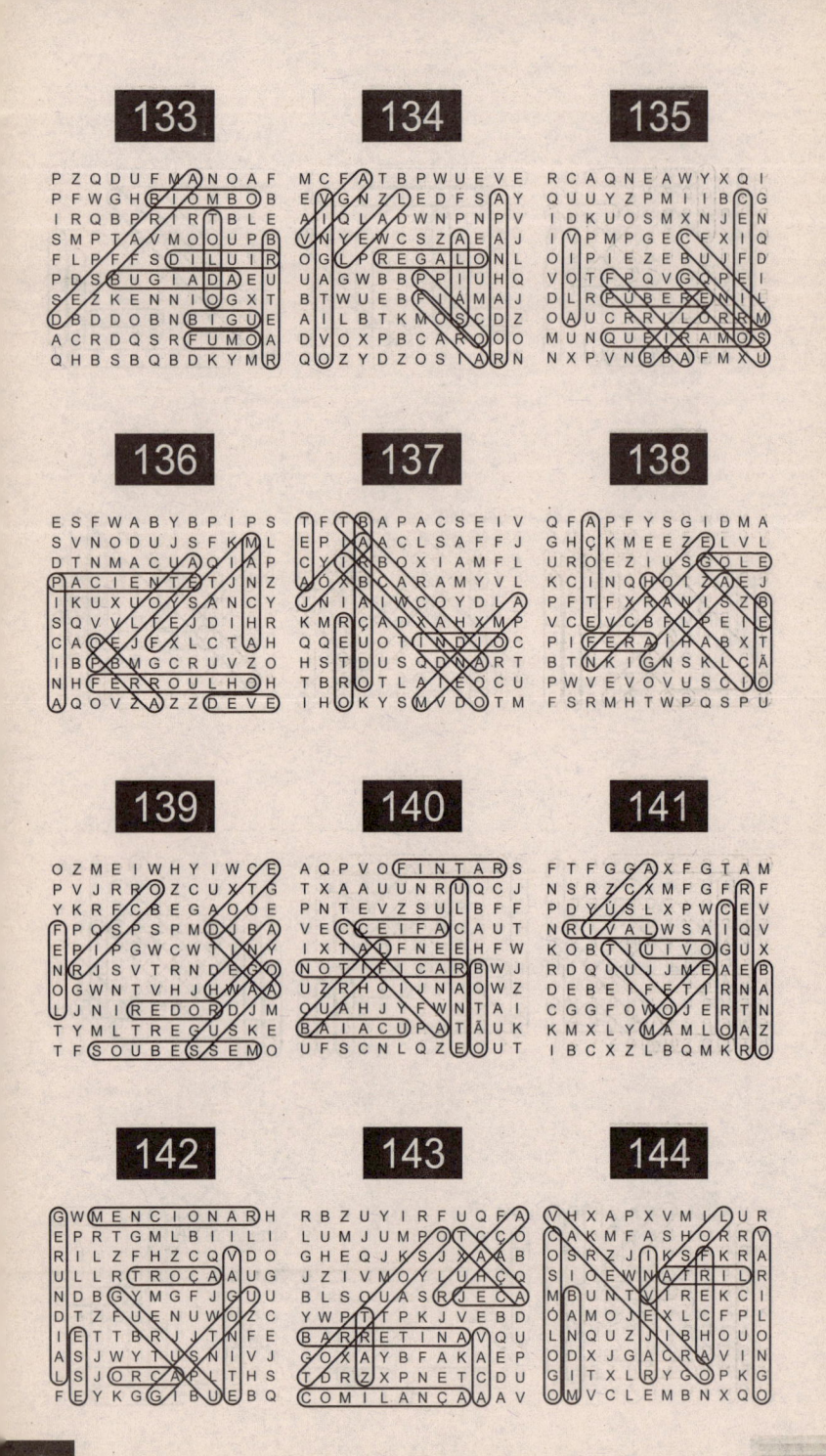

```
P Z Q D U F M A N O A F
P F W G H B L O M B O B
I R Q B P R I R T B L E
S M P T A V M O O U P B
F L P F F S D I L U I R
P D S B U G I A D A E U
S E Z K E N N I O G X T
D B D D O B N B I G U E
A C R D Q S R F U M O A
Q H B S B Q B D K Y M R
```

## 134

```
M C F A T B P W U E V E
E V G N Z L E D F S A Y
A I Q L A D W N P N P V
V N Y E W C S Z A E A U
O G L P R E G A L O N L
U A G W B B P P I U H Q
B T W U E B C I A M A J
A I L B T K M O S C D Z
D V O X P B C A R O O O
Q O Z Y D Z O S I A R N
```

## 135

```
R C A Q N E A W Y X Q I
Q U U Y Z P M I I B C G
I D K U O S M X N J E N
I I P M P G E C F X I Q
O I P I E Z E B U I F D
V O T F P Q V G Q P E I
D L R P U B E R E N I E
O A U C R R I L O R R M
M U N Q U E I X A R A M O S
N X P V N B B A F M X U
```

## 136

```
E S F W A B Y B P I P S
S V N O D U J S F K M L
D T N M A C U A Q I A P
P A C I E N T E T J N Z
I K U X U O V S A N C Y
S Q V V L T E J D I H R
C A Q E J E X L C T A H
I B F B M G C R U V Z O
N H F E R R O U L H O H
A Q O V Z A Z Z D E V E
```

## 137

```
T F T R A P A C S E I V
E P M A A C L S A F F J
C Y I R B O X I A M F L
A O X B C A R A M Y V L
U N I A I W C O Y D L A
K M R C A D X A H X M P
Q Q E U O T I M D I O C
H S T D U S Q D N A R T
T B R O T L A T E Q C U
I H O K Y S M V D O T M
```

## 138

```
Q F A P F Y S G I D M A
G H C K M E E Z E L V L
U R O E Z I U S G O L E
K C I N Q H O I Z A E J
P F T F Y R A N I S Z R
V C E V C B P L P E I E
P I F E R A I R A B X T
B T N K I G N S K L C A
P W V E V O V U S C I O
F S R M H T W P Q S P U
```

## 139

```
O Z M E I W H Y I W C E
P V J R O Z C U X T G
Y K R F C B E G A O O E
F P Q S P S M D J B A
E P I P G W C W T N Y
N R J S V T R N D E G O
O G W N T V H J H W A A
L J N I R E D O R D J M
T Y M L T R E G U S K E
T F S O U B E S S E M O
```

## 140

```
A Q P V O F I N T A R S
T X A A U U N R U Q C J
P N T E V Z S U L B F F
V E C C E I F A C A U T
I X T A T F N E E H F W
N O T I F I C A R B W J
U Z R H O I N A O W Z
Q U A H J Y F W N T A I
B A I A C U P A T A U K
U F S C N L Q Z E O U T
```

## 141

```
F T F G G A X F G T A M
N S R Z C X M F G F R F
P D Y U S L X P W C E V
N R I V A L W S A I Q V
T K O B T U I V O G U X
R D Q U U I J M E A E B
D E B E I F E T I R N A
C G G F O W O J E R T
K M X L Y M A M L O A Z
I B C X Z L B Q M K R O
```

## 142

```
G W M E N C I O N A R H
E P R T G M L B I I L I
R I L L R Z F H Z C Q U O
U L L R T R O C A A U G
N D B G Y M G F J G U U
D T Z F U E N U W O Z C
E S J W Y T U S N I V J
U S J O R C A P L T H S
F E Y K G G I B U E B Q
```

## 143

```
R B Z U Y I R F U Q F A
L U M J U M P O T C C O
G H E Q J K S J X A A B
J Z I V M O Y L U H C Q
B L S Q U A S R J E C A
Y W T T P K J V E B D
B A R R E T I N A V U
G O X A Y B F A K A E P
T D R Z X P N E T C D U
C O M I L A N C A A A V
```

## 144

```
V H X A P X V M L U R
C A K M F A S H O R R V
O S R Z J I K S F K R A
S I O E W N A T R I L R
M B U N T V I R E K C I
O A M O J E X L C F P L
L N Q U Z J I B H O U O
O D X J G A C R A V I N
G I T X L R Y G O P K G
O M V C L E M B N X Q O
```

94

## 145

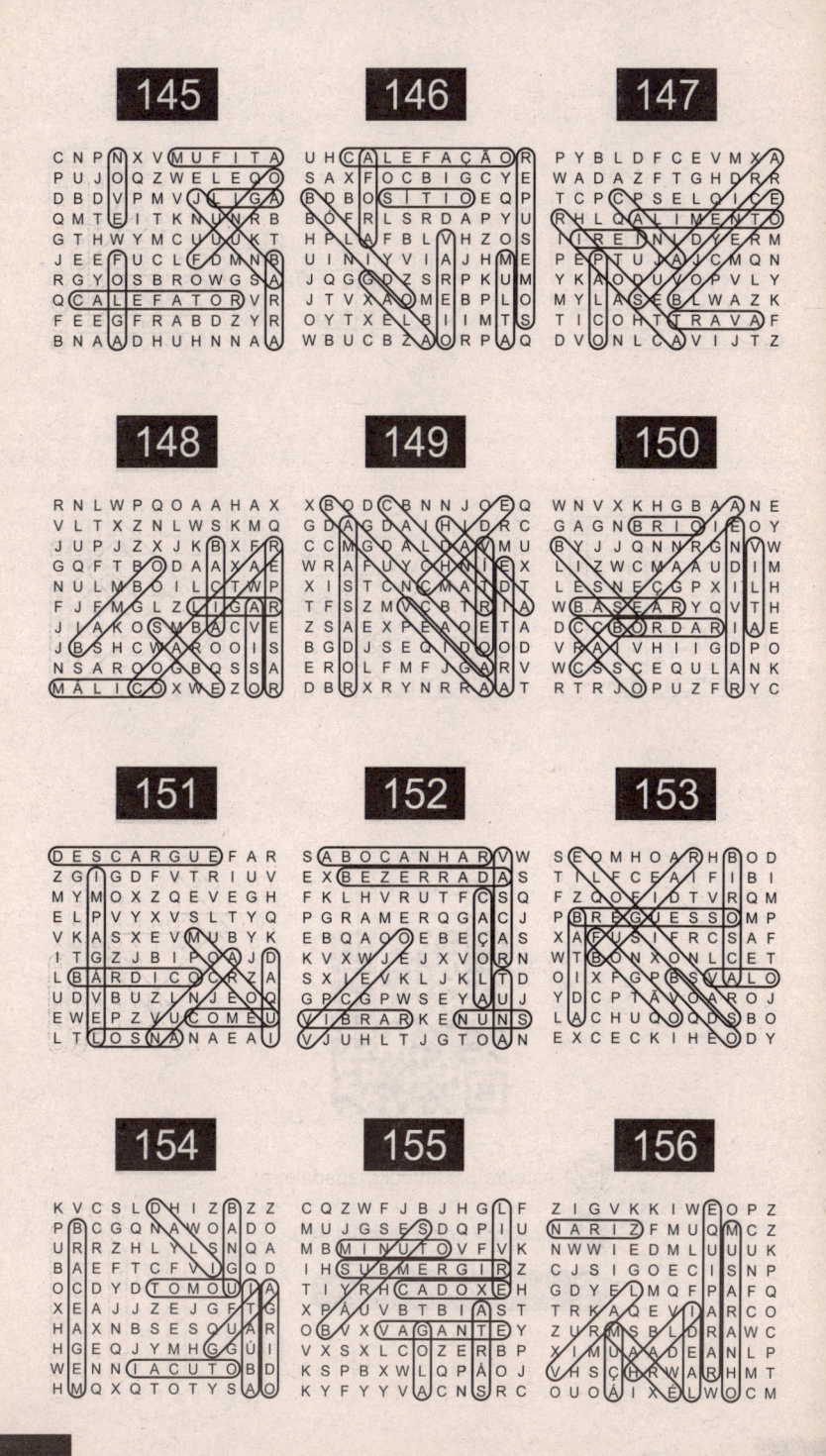

```
C N P N X V M U F I T A
P U J O Q Z W E L E O O
D B D V P M V J L G A N
Q M T E I T K N U N R B
G T H W Y M C U U U K T
J E E F U C L F D M N R
R G Y O S B R O W G S A
Q C A L E F A T O R V R
F E E G F R A B D Z Y R
B N A A D H U H N N A A
```

## 146

```
U H C A L E F A Ç Ã O R
S A X F O C B I G C Y E
B D B O S I T I O E Q P
B O F R L S R D A P Y U
H P L A F B L V H Z O S
U I N I Y V I A J H M E
J Q G G D Z S R P K U M
J T V X A O M E B P L O
O Y T X E L B I I M T S
W B U C B Z A O R P A Q
```

## 147

```
P Y B L D F C E V M X A
W A D A Z F T G H D R R
T C P C P S E L O I C E
R H L Q A L I M E N T O
I R E D N D E R M
P E P T U J A J C M Q N
Y K A O D U V O P V L Y
M Y L A S E B L W A Z K
T I C O H T R A V A F
D V O N L C A V I J T Z
```

## 148

```
R N L W P Q O A A H A X
V L T X Z N L W S K M Q
J U P J Z X J K B X F R
G Q F T B O D A A X A E
N U L M B O I L C T W P
F J E M G L Z L I G A R
J I A K O S M B A C V E
J B S H C W A R O O I S
N S A R O O G B Q S S A
M Á L I C O X W E Z O R
```

## 149

```
X B O D C B N N J O E Q
V L A G D A I H D R C
C C M G D A L D A X M U
W R A F U Y C H N I E X
X I S T C N C M A N D T
T F S Z M V C B T R I A
Z S A E X P E A O E T A
B G D J S E Q I D O O D
E R O L F M F J G A R V
D B R X R Y N R R A A T
```

## 150

```
W N V X K H G B A A N E
G A G N B R I O I E O Y
B Y J J Q N N R G N V W
L I Z W C M A A U D I M
L E S N E C G P X I L H
W B A S E A R Y Q V T H
D C C B O R D A R I A E
V R A I V H I I G D P O
W C S S C E Q U L A N K
R T R J O P U Z F R Y C
```

## 151

```
D E S C A R G U E F A R
Z G I G D F V T R I U V
M Y M O X Z Q E V E G H
E L P V Y X V S L T Y Q
V K A S X E V M U B Y K
I T G Z J B I P O A J D
L B A R D I C O C R Z A
U D V B U Z L N J E O Q
E W E P Z V U C O M E U
L T L O S N A N A E A I
```

## 152

```
S A B O C A N H A R V W
E X B E Z E R R A D A S
F K L H V R U T F C S Q
P G R A M E R Q G A C J
E B Q A O O E B E Ç A S
K V X W J E J X V O R N
S X I E V K L J K L T D
G P C G P W S E Y A U J
V I B R A R K E N U N S
V J U H L T J G T O A N
```

## 153

```
S E O M H O A R H B O D
T I L F C E A I F I B I
F Z Q O F I D T V R Q M
P B R E G U E S S O M P
X A F U S I F R C S A F
W T B O N X O N L C E T
O I X F G P B S V A L O
Y D C P T A V O A R O J
L A C H U Q O D S B O
E X C E C K I H E O D Y
```

## 154

```
K V C S L D H I Z B Z Z
P B C G Q N A W O A D O
U R R Z H V L J L S N Q A
B A E F T C F V I G Q D
O C D Y D T O M O U I A
X E A J J Z E J E F T G
H A X N B S E S Q U A R
H G E Q J Y M H G G U I
W E N N I A C U T O B D
H U M Q X O T O T Y S A O
```

## 155

```
C Q Z W F J B J H G L F
M U J G S E S D Q P I U
M B M I N U T O F V K
I H S U B M E R G I R Z
T I Y R H C A D O X E H
X P A U V B T B I A S T
O B V X V A G A N T E Y
V X S X L C O Z E R B P
K S P B X W L Q P Ã O J
K Y F Y Y V A C N S R C
```

## 156

```
Z I G V K K I W E O P Z
N A R I Z F M U Q M C Z
N N W I E D M L U U O A
C J S I G O E C I S N P
G D Y E L M Q F P A F Q
T R K A Q E V I A R C O
Z U R M S B L D R A W C
X I M U A A D E A N L P
V H S C H R W A R H M T
O U O A I X E U W O C M
```

## 157

```
P W T Z K N J C D E P Y
P C O B A U Q I R F Z B
Q C A H W V G A G W T T
T O N C Q V R C C T F R
B K J B A U E M M E I O
O G Y G G D I K B C R C
V X V R X Z O E D G A O
G T A P B I C H E N T O
D M J T S V F I D E L X
A N T E D I R Á S H O I
```

## 158

```
W D Z X W J L D B F H A
Z J C E E H Z U U P U P
I G J T T B U N S E T E
R X W Y J X A N L A E N
W X K N C Y A B V T Y N
V K H L T J O C N C U B
D E X U C A F E E N O V A
U G S B O U B A U A A P
G E J P K L A N C H A G
Q R G X A A D H A G W V
```

## 159

```
T B L C N J B B O L D O
S M R E S C T H O O L D
K Q O E D G B R X D N E
A D M G M R U P E H I O
C A S A D O U R O L K N
A D O W D I R P O Q A L
B R U A W P N A N Q W P
R I E G J O C C Y N C O
E P P B E N O G D F D T
A G Z Y U E U X U S L E
```

## 160

```
A R V A T É R I A R E Z
N H L N Y K S I N U S G
T J W I Q G L F N P T I
E D S L P K P A C A R X
G A I C C H F F M Y E T
O F G E W W X A U K S W
S E S L T W C G U Q S P
T V T I N A Q A V P E A
O E T J X M E R T C P C
C O N S T R U I U D D S
```

## 161

```
G F W F U C A C H H E B
P F H J O Y P E Y K X W
L F N U N D N O V E N A
M J U G Z A D B I C H A
D N V Y H N G M R H Q U
H Q X L J T M A D A U M
H P E T V T T D G E I U
Y B R A C E L E T E P A
A J Z K B C Y E O C X F
B E S T A L H Ã O W H O
```

## 162

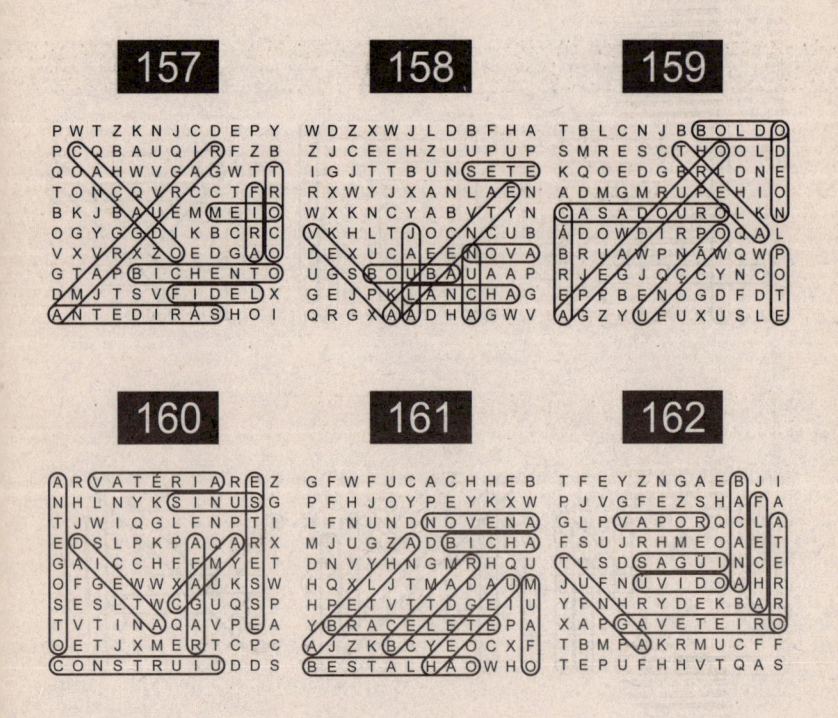

```
T F E Y Z N G A E B J I
P J V G F E Z S H A F A
G L P V A P O R Q C L A
F S U J R H M E O A E T
T L S D S A G Ü I N C E
J U F N Ú V I D O A H R
Y F N H R Y D E K B A R
X A P G A V E T E I R O
T B M P A K R M U C F F
T E P U F H H V T Q A S
```

**QRCode** website

instagram.com/editorapedaletra/

facebook.com/EdPeDaLetra/

www.editorapedaletra.com.br